उन पे वो आना दिल का

उन पे वो आना दिल का

पीर नसीरुद्दीन 'नसीर'

सम्पादक
रय्यान अबुलउलाई

rekhta
publications

राजकमल प्रकाशन

rekhta publications

राजकमल प्रकाशन

रेख़्ता पब्लिकेशंस

बी-37, सेक्टर - 1, नोएडा

उत्तर प्रदेश - 201301

contact@rekhta.org | www.rekhtabooks.com

www.rajkamalprakashan.com

प्रथम संस्करण: 2023

ISBN : 978-93-94494-51-0

उन पे वो आना दिल का

पीर नसीरुद्दीन 'नसीर'

सम्पादक - रय्यान अबुलउलाई

आवरण रेखा चित्र - कपिल भारद्वाज

टाइपिंग एवं सेटिंग - मोहम्मद अमजद

मुद्रक - थॉमसन प्रेस (इंडिया) लिमिटेड

मूल्य : ₹ 249

हज़रत शाह ज़फ़र सज्जाद अबुलउलाई दानापूरी

सज्जादा नशीं

ख़ानक़ाह सज्जादिया अबुलउलाईया, दानापुर

के नाम

"बात इतनी है और कुछ भी नहीं"

हज़रत पीर नसीरुद्दीन 'नसीर' मशहूर शाइर, अदीब, मुहक़्क़िक़, ख़तीब, आलिम और गोलड़ा शरीफ़ की दरगाह के सज्जादा-नशीं थे। वो उर्दू, फ़ारसी, पंजाबी के साथ-साथ अरबी, हिन्दी, पूरबी और सरायकी ज़बानों में भी शाइरी करते थे, इसीलिए उन्हें "सात ज़बानों वाला शाइर" के नाम से भी याद किया जाता है।

पीर नसीरुद्दीन 'नसीर', हज़रत पीर मेहर अली शाह के पड़-पोते, हज़रत ग़ुलाम मुहीउद्दीन (बाबू जी) के पोते और हज़रत ग़ुलाम मुईनुद्दीन (बड़े लाला जी) के बेटे थे। आपका नसब 28 वास्तों से जाकर हज़रत शैख़ अब्दुल क़ादिर जीलानी से और 39 वास्तों से जाकर हज़रत इमाम हुसैन से जा मिलता है। ये घराना तो क़ादरियों का है, मगर पीर 'नसीर' का सिलसिला ख़्वाजा मुईनुद्दीन चिश्ती से है।

पीर 'नसीर' 22 मुहर्रम 1369 हिज्री (14 नवंबर 1949 ई.) को गोलड़ा, इस्लामाबाद में पैदा हुए और 17 सफ़र 1430 हिज्री (13 फ़रवरी 2009) को इंतिक़ाल हुआ। आपका मज़ार गोलड़ा शरीफ़ में है। अभी हाल ही में आपके ताबूत को निकाल कर पीर मेहर अली के पहलू में दोबारा दफ़नाया गया है।

पीर नसीरुद्दीन 'नसीर' बेहतरीन अदीब थे। उन के शेर-ओ-शाइरी से लगाव और ज़बान के माहिर होने की वजह से उनकी शोहरत आम लोगों से लेकर अदीब-ओ-शोअरा में भी है। उन्होंने मज़हब, इस्लाह, अदब और रिसर्च पर भी किताबें लिखीं। उनकी शाइरी और तक़रीर की ख़ासियत के चलते हज़ारों लोग आज भी उन के दीवाने हैं। उन्होंने जिस भी मौज़ू (विषय) पर लिखना शुरू किया, उस पर बेहतरीन ढंग से रौशनी डाली। उनका चीज़ों को बयाँ करने का तरीक़ा

बेहद मुख़्तलिफ़ है। चाहे नस्र (गद्य) हो या नज़्म, दोनों में उनका एक अलग अंदाज़ है। इस से भी बड़ी बात ये है कि उन के अनोखे अंदाज़-ए-बयाँ से उन के ख़्याल, एहसास और सच्चे जज़्बात खुलकर सामने आते हैं। उन के लिखे हुए जज़्बात अपनी अस्ल शक्ल में इस तरह दिखाई देते हैं कि पढ़ने वालों के दिल उन की तरफ़ हो जाते हैं, उनकी तहरीर-ओ-तक़रीर में भी इस का नमूना देखा जा सकता है।

पीर 'नसीर' एक शानदार मुक़र्रिर (वक्ता) थे। वो घंटों तक बोलते रहते और हज़ारों लोगों का मजमा एक पल को भी न उकताता, बल्कि लोग बहुत लगन से उनकी बात सुनते। पीर 'नसीर' शाइरी के भी माहिर थे, इसलिए बयान के दौरान भी वो शेर कहते रहते थे। शाइरी उन पर किसी ख़ुदाई तोहफ़े की तरह उतरती थी।

अपने वक़्त में पीर 'नसीर' उस दौर के बड़े नात कहने वाले शाइर में गिने जाते थे। उनकी नातिया शाइरी, रिवायती तरीक़े से हट कर पैग़म्बर हज़रत मोहम्मद की ज़िदंगी के अलग-अलग पहलुओं पर बात करती है। एक नमूना देखें-

आया है 'नसीर' आज तमन्ना यही ले कर
पलकों से किए जाए सफ़ाई तेरे दर की

लोग मानते हैं कि नात कहना दो-धारी तलवार पर चलने जैसा है, क्योंकि यह पैग़म्बर हज़रत मोहम्मद पर मबनी होती है। जिसके लिए बहुत अदब की ज़रूरत होती है। इस वजह से चंद ही शाइर इस विषय पर शाइरी करते हैं। पीर 'नसीर' ख़ुद एक जगह लिखते हैं-

"नात का मौज़ू ब-ज़ाहिर छोटा दिखाई देता है, मगर उस का मौज़ू चूँकि ऐसी अज़ीम हस्ती है, जिस में तमाम अन्फ़ुस-ओ-आफ़ाक़ की वुसअतें सिमट आई हैं, इसलिए ये सिन्फ़ शेर हद दर्जा ला-महदूद और वसीअ भी है।"

पीर 'नसीर' ने अपने लिखे हर नातिया शेर को मोहब्बत और चाहत

के जज़्बात से पुर करके, नात को मुकम्मल किया है। एक नातिया शेर देखें-

उन्हें मेरे अच्छे बुरे की ख़बर है
वो सब कुछ ख़ुदा की क़सम जानते हैं

पीर 'नसीर', बीसवीं सदी में पाकिस्तान की अज़ीम हस्तियों में से एक थे। उन के अंदर शाइरी का जज़्बा कोई नया नहीं था, बल्कि उनकी कई पीढ़ियाँ शाइरी करती चली आ रही थीं। पीर 'नसीर' के पर-दादा पीर मेहर अली शाह भी पंजाबी ज़बान के एक बेहतरीन शाइर थे, जिनका ये शेर काफ़ी मशहूर है-

कित्थे मेहर अली कित्थे तेरी सना
गुस्ताख़ अँखियाँ कित्थे जा लड़ियाँ

इसी तरह पीर 'नसीर' के दादा हज़रत ग़ुलाम मुहीउद्दीन (बाबू जी) और उन के पिता हज़रत ग़ुलाम मुईनुद्दीन, जिनका तख़ल्लुस "मुश्ताक़" था, दोनों को शाइरी से ख़ास लगाव था। ऐसे माहौल में पीर 'नसीर' के अंदर भी शाइरी का जज़्बा पैदा हुआ। पीर 'नसीर' ने किसी यूनिवर्सिटी या किसी बड़े मदारिस से तालीम-ओ-तर्बियत हासिल नहीं की, बल्कि अपने बुज़ुर्गों की संगत और उस वक़्त के बड़े आलिम और पीर मेहर अली शाह के मुरीद मौलाना फ़तह मोहम्मद और मौलाना फ़ैज़ अहमद फ़ैज़ से इल्म हासिल किया। उन्होंने इल्म-ए-तजवीद, गोलड़ा के इमाम क़ारी महबूब अली लखनवी से सीखा। उन के दादा हज़रत ग़ुलाम मुहीउद्दीन (बाबू जी) ने बचपन ही से उनकी अच्छी तर्बियत की। पीर 'नसीर' अपने दादा के ही मुरीद और ख़लीफ़ा हुए। उन के बारे में 'नसीर' कहते हैं कि-

कौन है मेरे सिवा साहिब-ए-तक़दीर ऐसा
मिल गया मेरे मुक़द्दर से मुझे पीर ऐसा

क्यों न नाज़ हो मुझे अपने मुक़द्दर पे भला
पीर ऐसा है मेरे पीर का है पीर ऐसा

जिन लोगों ने उन के दादा को देखा है, वो इस बात की तस्दीक़ कर सकते हैं कि पीर 'नसीर' की शक्ल-ओ-सूरत बिलकुल अपने दादा से मिलती थी। उन्होंने अपने हाथों से पीर 'नसीर' की परवरिश की। पीर 'नसीर' लिखते हैं कि-

"ज़र्रा-नवाज़ी और हौसला-अफ़ज़ाई देखिए कि मेरे दादा हज़रत बाबू जी अक्सर-ओ-बेशतर मेरी फ़ारसी और उर्दू ग़ज़लों को पसंद फ़रमाते और दरगाह के पुराने क़व्वाल उस्ताद महबूब अली और मुश्ताक़ अली से सुना करते थे"

एक और जगह वो लिखते हैं कि-

"मुझे याद है कि मेरे शाइरी करने के बिल्कुल शुरुआती ज़माने में हज़रत पीर मेहर अली शाह के एक मुख़्लिस मुरीद शेर मोहम्मद मिस्त्री अक्सर मुझे ग़ालिब के अशआर सुनाया करते थे"

पीर 'नसीर' गोलड़ा शरीफ़ में उर्स के दौरान तरही मुशाइरे करवाते और उस में लगातार शिर्कत करते और इस तरह उनकी शाइरी बेहतर होती चली गई। जिन दिनों पीर 'नसीर' एक शाइर के तौर पर परवान चढ़ रहे थे, और उनका शेर कहने का जौक़ दिन-ब-दिन बढ़ता जा रहा था, उन दिनों वो कोई नई ग़ज़ल कहते, तो उन के दादा हज़रत ग़ुलाम मुहीउद्दीन (बाबू जी) क़व्वालों से धुन के साथ उनकी ग़ज़लें सुनते थे। इस तरह पीर 'नसीर' की शाइरी बुलंदियों को छूने लगी। उन के लिखे कुछ कलाम पढ़िए और अपने दिल को इत्मीनान बख़्शिए-

बेताब हैं, शशदर हैं, परेशान बहुत हैं
क्यूँ-कर न हूँ, दिल एक है, अरमान बहुत हैं

क्यों याद न रखूँ तुझे ए दुश्मन-ए-पिनहाँ
आख़िर मिरे सर पर तिरे एहसान बहुत हैं

ढूँढ़ो तो कोई काम का बन्दा नहीं मिलता
कहने को तो इस दौर में इन्सान बहुत हैं

अल्लाह उसे पार लगाए तो लगाए
कश्ती मिरी कमज़ोर है तूफ़ान बहुत हैं

अरमानों की इक भीड़ लगी रहती है दिन रात
दिल तंग नहीं, ख़ैर से मेहमान बहुत हैं

देखें तुझे, ये होश कहाँ अहल-ए-नज़र को
तस्वीर तिरी देखकर हैरान बहुत हैं

यूँ मिलते हैं, जैसे न कोई जान न पहचान
दानिस्ता 'नसीर' आज वो अंजान बहुत हैं

उन के बारे में रईस अमरोहवी लिखते हैं कि-

"पीर 'नसीर' एक मुमताज़-तरीन रुहानी घराने के चशम-ओ-चराग़ हैं। उनकी क़लंदरी और दरवेशी में किसे शुब्हा हो सकता है? उनकी फ़ारसी रुबाइयात का मुताला करें, तो आलम ही दूसरा नज़र आता है। ऐसा महसूस होता है कि उन के क़ल्ब में मिर्ज़ा अब्दुल क़ादिर बेदिल अज़ीमाबादी की आवाज़ गूँज रही है और उन के लहजे में बेदिल ही बोल रहे हैं"

डॉ.अब्दुल्लाह लिखते हैं कि-

"पीर 'नसीर' ग़ज़ल की क्लासिकी रिवायतों में पहले शाइर हैं,

लिहाज़ा उनकी ग़ज़ल सुख़न की रिवायात की पाबंद है। उनकी ग़ज़लियात में रदीफ़ की शान पाई जाती है, जिन में ज़िंदगी की हक़ीक़तों और क़ल्ब-ए-इन्सानी की लताफ़तों को ब-अंदाज़-ए-ख़ुश पेश किया गया है। ज़बान की मिठास और बयान की ख़ूबी इस पर मुस्तज़ाद है। नौजवानी में किसी की इतनी पुख़्ता शाइरी मैंने बहुत कम देखी और पढ़ी है"

वो हमारे हम उन के हो जाएँ
बात इतनी है और कुछ भी नहीं

इस बात में कोई शुब्हा नहीं है कि जिस तरह पीर 'नसीर', मिर्ज़ा अब्दुल क़ादिर बेदिल का कलाम समझाते थे, वैसा कोई दूसरा नहीं समझा सकता था। उन्हें बेदिल के अलावा रूमी, सादी, जामी, इराक़ी, गंजवी, उर्फ़ी, साइब, ग़नी, हाफ़िज़, ख़ुसरौ और बाहू आदि के दर्जनों शेर याद थे, बल्कि उर्दू शोरा की दर्जनों ग़ज़लें भी अच्छी तरह याद थीं। वो अपनी तक़रीर में अपनी ग़ज़लों के अलावा असातिज़ा की ग़ज़लें भी बड़े शौक़ से सुनाया करते थे।

किताबों की बात करें, तो पीर 'नसीर' की सबसे पहली किताब "आग़ोश-ए-हैरत" है, इसमें फ़ारसी रुबाइयात है। इस मजमूँए की तर्तीब और छपाई कौकब नूरानी औकाड़वी ने की थी। आग़ोश-ए-हैरत" पढ़कर, उसकी तारीफ़ करते हुए पीर 'नसीर' को मुबारक-बाद का ख़त भेजने वाले सबसे पहले शख़्स मौलाना सय्यद अबुल हसन नदवी थे। सय्यद अब्दुल हसन नदवी उस वक़्त के अहम अदीब में शुमार होते थे। तब पीर 'नसीर' की उम्र सिर्फ़ 27 बरस थी और उन्हें हिन्दुस्तान और पाकिस्तान के बड़े-बड़े आलिम और अदीब ने इस किताब को पढ़कर मुबारक-बाद भेजी।

उनकी फ़ारसी शाइरी कैसी थी, इसका अंदाज़ा इसी बात से लगाया जा सकता है कि उनकी 300 फ़ारसी रुबाइयात को ईरान की

यूनिवर्सिटी ने M.A. के सिलेबस में शामिल किया है।

पीर 'नसीर' की प्रमुख किताबों के नाम ये हैं-

1. आग़ोश-ए-हैरत (फ़ारसी रुबाइयात)
2. रंग-ए-निज़ाम (उर्दू रुबाइयात)
3. अर्रुबाइयतुल-मदहिया फ़ी-हज़रतिल-क़ादरिया (शैख़ अब्दुल क़ादिर जीलानी की शान में रुबाइयात का संग्रह)
4. पैमान-ए-शब (उर्दू ग़ज़लें)
5. दस्त-ए-नज़र (उर्दू ग़ज़लें)
6. दीं हमा उस्त (अरबी, फ़ारसी, उर्दू, पंजाबी ज़बान में कही गईं नातों का संग्रह)
7. फ़ैज़-ए-निस्बत (अरबी, फ़ारसी, उर्दू, पंजाबी ज़बान में कही गई मन्क़बत का संग्रह)
8. अर्श-ए-नाज़ (फ़ारसी, उर्दू, पूरबी, पंजाबी और सराइकी ज़बान में कहे गए कलाम का संग्रह)
9. मता-ए-ज़ीस्त (हम्द, नात, मंक़बत, ग़ज़ल, रुबाई का संग्रह)
10. तज़मीनात बर कलाम अहमद रज़ा बरेलवी
11. राह-ओ-रस्म-ए-मंज़िलहा (तसव्वुफ़ और दुनिया के मसाइल पर मबनी)
12. नाम-ओ-नसब
13. तरीक़ुल-फ़लाह फ़ी-मसएलल-कुफ़ूह लिन्निकाह (सय्यद और ग़ैर सय्यद के निकाह की शरई हैसियत)
14. इमाम अबू हनीफ़ा और उनका तर्ज़-ए-इस्तिदलाल
15. कुरआन-ए-मजीद के आदाब-ए-तिलावत
16. लफ़्ज़ अल्लाह" की तहक़ीक़
17. इस्लाम में शाइरी की हैसियत
18. मुसलमानों के उरूज-ओ-ज़वाल के असबाब

19. पाकिस्तान में ज़लज़ले की तबाहकारीयाँ, अस्बाब और तजावीज़
20. फ़तवा-नवीसी के आदाब
21. मवाज़ना-ए-इल्म-ओ-करामत
22. क्या इबलीस आलिम था?

उनकी शाइरी के बारे में ज़फ़र क़ादरी लिखते हैं कि,

"इन हालात में जब 'नसीर' जैसा जवान-ए-राना, शेर-ओ-सुख़न की वादीयों में फूल खिलाता और इल्म-ए-तसव्वुफ़ के बहर-ए-अमीक़ में ग़ोते लगाता नज़र आ जाता है तो टूटी आस बंधने लगती है और अंदर से आवाज़ है-

अभी कुछ लोग बाक़ी हैं जहाँ में..."

पीर 'नसीर' मस्त क़लंदर इंसान थे। वह कभी किसी ख़ास फ़िक्र या तंज़ीम का हिस्सा नहीं बने। उनकी ख़ूबियों में से एक ख़ूबी ये भी है कि देवबंदी, बरेलवी, शिया, अहल-ए-हदीस और दूसरी जमाअत के लोग भी उन को अपने यहाँ बुलाते थे और उनकी तक़रीरें सुनते थे। पीर 'नसीर' ने कभी किसी ख़ास फ़िक्र या तहरीक के लिए कुछ न कहा, बल्कि जो कहा हक़ कहा। यही वजह है कि तमाम तंज़ीम के बड़े-बड़े लोग उन की ख़ानक़ाह में आते थे और उनकी संगत में बैठते थे। वो नज़राना और रिवायती सज्जादा-नशीनी के बिलकुल ख़िलाफ़ थे, जिसकी झलक उन के इस शेर में भी दिखाई देती है-

मस्नद-ए-पीरी पे यूँ जम के न बैठो तुम 'नसीर'
कल को उठ जाओगे ये सारा तमाशा छोड़कर

उनकी एक रुबाई और पढ़िए, जिससे आपको पता लग जाएगा कि उनकी सोच इस बारे में क्या थी-

मसनद पे ज़रा बैठेंगे इतराएँगे
ये मुफ़्त का माल चार दिन खाएँगे

आती नहीं अबजद-ए-तरीक़त तो न आए
सज्जादा-नशीं फिर भी कहलाएँगे

मेरा ख़्याल है कि वो इस दौर के सबसे बड़े और कामयाब सज्जादा-नशीं गुज़रे हैं, जिन्होंने ख़ानक़ाहों और दरगाहों के अंदर की ग़लत रस्मों और बुराईयों को दूर करने के लिए आवाज़ उठाई। इस सफ़र में कुछ लोग उन के साथ थे तो कुछ उन के ख़िलाफ़ भी। पीर 'नसीर' बराबर ये कहते थे कि हाय रे! मुझको वो भी कहते हैं बुरा, मैंने दुनिया छोड़ दी जिनके लिए"

पीर 'नसीर' को कोई भी अपनी राह से नहीं हटा सका। बड़े-बड़े लोग उन के पास दौलत लेकर आए, मगर उन्हें अपनी तरफ़ न कर सके। कहते हैं कि एक मर्तबा हुकूमत-ए-पाकिस्तानी के एक बड़े मंत्री ने उन्हें पाकिस्तान का वज़ीर बनने का ऑफ़र दिया। पीर 'नसीर' ने फ़ौरन जवाब दिया कि बादशाह को वज़ीर बनाने का सोचते हो!" इस मौक़े पर कही गई उनकी रूबाई पढ़िए-

फ़ानी है ये अरबाब-ए-तरब की कुर्सी
दाइम क़ाइम है सिर्फ़ रब की कुर्सी

जस्टिस हो गवर्नर कि वज़ीर-ए-आज़म
दीमक की लपेट में है सब की कुर्सी

आम लोग उन पर अपनी जान छिड़कते थे। लोग उनकी तक़रीरें सुनने दूर-दूर से आते थे और उनकी तक़रीरें घंटों-घंटों चलती। ये कहा जा सकता है कि पीर 'नसीर' ने अपनी इन तक़रीरों से बहुत सी बुराईयों और ग़लत रस्मों को दूर कर दिया। वो रिवायत पसंद सूफ़ी नहीं थे। वो कहते थे, पीर "मेहर अली शाह का पड़-पोता होने की वजह से मेरा हाथ न चूमो।" उनका मानना था कि इन्सान अपने किरदार की वजह से याद किया जाये न कि अपने बुज़ुर्गों के नाम की वजह से।

पीर 'नसीर' कहते हैं -

ख़म है सर-ए-इंसाँ तो हरम में कुछ है
लोग अश्क बहाते हैं तो ग़म में कुछ है

बे-वजह किसी पर नहीं मरता कोई
हम पर कोई मरता है तो हम में कुछ है

पीर 'नसीर' में बहुत सी ख़ूबियाँ थी। शाइरी, तक़रीर और किताबों के अलावा ख़ानक़ाही और दरगाही तहज़ीब के सुधार और नग़मा-ओ-मूसीक़ी से भी उन्हें गहरी दिलचस्पी थी। वो राग मुनइम, राग ख़ुसरौ और राग जौनपुरी भी ब-ख़ूबी जानते थे। आपको यह जानकर हैरानी होगी कि मशहूर क़व्वाल नुसरत फ़तेह अली ख़ाँ ने उनका कलाम उनकी बनाई हुए धुन पर ही पढ़ा है। नुसरत ने पीर 'नसीर' के कई कलाम को अपनी आवाज़ दी है जैसे-

1. आस्ताँ है ये किस शाह-ए-ज़ीशान का - मरहबा मरहबा
2. सरताजन के ताज मुईनउद्दीन
3. उनका अंदाज़-ए-करम उन पे वो आना दिल का
4. आप इस तरह तो होश उड़ाया न कीजिए
5. मेरी ज़ीस्त पर मसर्रत कभी थी ना है ना होगा
6. बन के तस्वीर-ए-ग़म रह गए हैं
7. चार तिनकों का सहारा कुछ नहीं

एक इंटरव्यू के दौरान नुसरत फ़तेह अली ख़ाँ ने इन कलाम के लिए आपका शुक्रिया भी अदा किया है।

आज के इस दौर में पीर 'नसीर' जैसे लोग कम और मुश्किल से ही मिलते हैं। मैं उन से मिल तो नहीं सका, लेकिन उन के बारे में जो कुछ थोड़ा-बहुत पढ़ा-सुना है, उससे वो बड़े इन्क़िलाबी इन्सान मालूम होते हैं। बाक़ी उनकी शाइरी से उनका अंदाज़ा लगाया जा सकता है।

पीर 'नसीर' की तरफ़ मेरी ज़ाती दिलचस्पी की अस्ल वजह ये है कि मेरे छोटे भाई शाह तय्यबुल्लाह "शायान" बहुत दिनों से उनकी ग़ज़लें पढ़ते थे और उनकी ग़ज़लों और नातें मुझे भेजा करते थे। धीरे-धीरे मेरी दिलचस्पी उनमें बढ़ती गई और मैं पीर 'नसीर' की ओर खिंचता चला गया। हिंदुस्तान हो या पाकिस्तान, कोई ऐसा क़व्वाल न होगा जिस ने पीर 'नसीर' का कलाम ना पढ़ा या सुना हो। हर छोटा-बड़ा कहीं न कहीं उनकी ग़ज़लें या फिर नातें गुनगुनाते हुआ मिल ही जाएगा। ये किताब भी शायान मियाँ ही की कोशिशों का नतीजा है कि पीर 'नसीर' पर ऐसा मजमूआ तय्यार हो पाया। इससे पता चलता है कि मौजूदा ख़ानक़ाही बच्चों में भी पीर 'नसीर' को लेकर काफ़ी हलचल है।

इस के इंतिख़ाब में मुझे बड़ी उलझन हुई कि इसमें किस ग़ज़ल को शामिल करूँ और किसे छोड़ दूँ? वो वक़्त मेरे लिए बड़ा हैरान और परेशान करने वाला था कि किस शेर को लिया जाए और किसे रहने दिया जाए? अगर ग़ज़लों और अशआर की क़ैद-ओ-बंद न होती तो मैं उनकी पूरी कुल्लियात... ख़ैर ! हिन्दी में ये पहली कोशिश है कि पीर 'नसीर' के चुनिंदा कलाम को प्रकाशित किया जा रहा है।

...बात इतनी है और कुछ भी नहीं !

रय्यान अबुलउलाई

क्रम सूची

कलाम

ग़ज़ल

हम्द

किस से माँगें कहाँ जाएँ किस से कहें और दुनिया में हाजत-रवा[1] कौन है
सब का दाता है तू सब को देता है तू तेरे बंदों का तेरे सिवा कौन है

1 आवश्यकता पूरी करनेवाला

कौन मक़्बूल है कौन मरदूद है बे-ख़बर क्या ख़बर तुझ को क्या कौन है
जब तुलेंगे अमल[1] सब के मीज़ान[2] पर तब खुलेगा कि खोटा खरा कौन है

1 कर्म 2 तराज़ू

औलिया[1] तेरे मोहताज ऐ रब्ब-ए-कुल[2] तेरे बंदे हैं सब अंबिया-ओ-रुसुल[3]
उन की इज़्ज़त का बाइस[4] है निस्बत तिरी उन की पहचान तेरे सिवा कौन है

1 संत, फ़क़ीर 2 सब का रब 3 नबी और पैग़म्बर 4 कारण

मेरा मालिक मिरी सुन रहा है फ़ुग़ाँ[1] जानता है वो ख़ामोशियों की ज़बाँ
अब मिरी राह में कोई हाइल[2] न हो नामा-बर[3] क्या बला है सबा[4] कौन है

1 फ़र्याद 2 रुकावट 3 संदेशवाहक 4 पूर्वी हवा

अंबिया[1] औलिया[2] अहल-ए-बैत-ए-नबी[3] ताबईन-ओ-सहाबा[4] पे जब आ बनी
गिर के सज्दे में सब ने यही अर्ज़ की तू नहीं है तो मुश्किल-कुशा[5] कौन है

1 नबी 2 ईश्वर का मित्र 3 हज़रत मोहम्मद के परिवार के सदस्य 4 हज़रत मोहम्मद के साथ रहने वाले और पैरवी करने वाला 5 संकट-मोचक

अहल-ए-फ़िक्र-ओ-नज़र[1] जानते हैं तुझे कुछ न होने पे भी मानते हैं तुझे
ऐ 'नसीर' उस को तू फ़ज़्ल-ए-बारी[2] समझ वर्ना तेरी तरफ़ देखता कौन है

1 बुद्धिमान लोग 2 ईश्वर की कृपा

ना'त

मुझ पे भी चश्म-ए-करम[1] ऐ मिरे आक़ा करना
हक़ तो मेरा भी है रहमत[2] का तक़ाज़ा[3] करना

1 दया दृष्टि 2 मेहरबानी 3 प्रार्थना

मैं कि ज़र्रा[1] हूँ मुझे वुसअत-ए-सहरा[2] दे-दे
कि तिरे बस में है क़तरे को भी दरिया करना

1 कण 2 जंगल का विस्तार

मैं हूँ बे-कस[1] तेरा शेवा[2] है सहारा देना
मैं हूँ बीमार तेरा काम है अच्छा करना

1 मजबूर 2 तरीक़ा

तू किसी को भी उठाता नहीं अपने दर से
कि तिरी शान[1] के शायाँ[2] नहीं ऐसा करना

1 महिमा 2 योग्य

ये तिरा काम है ऐ आमना[1] के दुर्र-ए-यतीम[2]
सारी उम्मत[3] की शफ़ाअत[4] तन-ए-तन्हा[5] करना

1 हज़रत आमना 2 अनमोल मोती 3 हज़रत मोहम्मद के समस्त अनुयायी 4 सिफ़ारिश 5 अकेला

मुझ पे महशर[1] में 'नसीर' उन की नज़र पड़ ही गई
कहने वाले उसे कहते हैं ख़ुदा[2] का करना

1 क़यामत का दिन 2 ईश्वर

इक मैं ही नहीं उन पर क़ुर्बान ज़माना है
जो रब्ब-ए-दो-आलम[1] का महबूब-ए-यगाना[2] है
1 लोक-परलोक का ईश्वर 2 एकमात्र प्रिय

कल जिस ने हमें पुल से ख़ुद पार लगाना है
ज़ोहरा[1] का वो बाबा[2] है सिबतैन[3] का नाना है
1 हज़रत फ़ातिमा 2 पिता 3 इमाम हसन और इमाम हुसैन

इज़्ज़त से न मर जाएँ क्यूँ नाम-ए-मोहम्मद[1] पर
हम ने किसी दिन यूँ भी दुनिया से तो जाना है
1 हज़रत मोहम्मद का नाम

सौ बार अगर तौबा टूटी भी तो हैरत क्या
बख़्शिश की रिवायत[1] में तौबा तो बहाना है
1 परंपरा

हर वक़्त वो हैं मेरी दुनिया-ए-तसव्वुर[1] में
ऐ शौक़ कहीं अब तो आना है न जाना है
1 कल्पना की दुनिया

महरूम-ए-करम[1] उस को रखिए न सर-ए-महशर[2]
जैसा है 'नसीर' आख़िर साएल[3] तो पुराना है
1 कृपा से वंचित 2 क़यामत में 3 सवाल करने वाला, भिक्षुक

❁

लौ मदीने की तजल्ली से लगाए हुए हैं
दिल को हम मतला-ए-अनवार[1] बनाए हुए हैं

1 किरणों का स्रोत

सर पे रख दीजे ज़रा दस्त-ए-तसल्ली[1] आक़ा
ग़म के मारे हैं ज़माने के सताए हुए हैं

1 दिलासा का हाथ

शर्म-ए-इस्याँ[1] से नहीं सामने जाया जाता
ये भी क्या कम है तिरे शहर में आए हुए हैं

1 पाप की लज्जा

कश्तियाँ अपनी किनारे से लगाए हुए हैं
क्या वो डूबे जो मोहम्मद के तैराए हुए हैं

नाम आने से अबू-बक्र-ओ-उम्र का लब[1] पर
क्यूँ बिगड़ता है वो पहलू में सुलाए हुए हैं

1 होंट

क्यूँ न पलड़ा तेरे आमाल[1] का भारी हो 'नसीर'
अब तो मीज़ान[2] पे सरकार भी आए हुए हैं

1 कर्मों 2 तराज़ू

हो जाते हैं ख़ुद रस्ते हमवार[1] मदीने के
बुलवाते हैं जब शाह-ए-अबरार[2] मदीने के
1 बराबर 2 हज़रत मोहम्मद

आँखों को अता होगा सुर्मा-ए-बीनाई[1]
बख़्शेंगे जिला दिल को अनवार मदीने के
1 ऐसा सुरमा जिस से नज़र को फ़ायदा हो

तुम लाख मिटा डालो धरती से इन्हें लेकिन
महफ़ूज़ हैं ज़ेहनों में आसार[1] मदीने के
1 चिन्ह

आक़ा की सनाओं में कट जाए सफ़र अच्छा
मिल जाएँ अगर साथी दो-चार मदीने के

है तुर्फ़ा-मिज़ाज[1] इन का दीदार इलाज इन का
ईसा से न अच्छे हों बीमार मदीने के
1 अनोखा स्वभाव

इस आस पे बैठा हूँ मुद्दत से 'नसीर' अब तक
शायद कभी बुलवा लें सरकार मदीने के

बहुत कुछ हम ने देखा देखने को
रहा दुनिया में अब क्या देखने को

मैं ख़ुद कि क़द्द-ए-आदम[1] आईना हूँ
तेरा अपना सरापा[2] देखने को
1 मनुष्य के क़द के बराबर 2 सर से पाँव तक

कहाँ साहिल पे मौजों का तबस्सुम[1]
उन्हें आता है दरिया देखने को
1 मुस्कान

दम-ए-आख़िर[1] करूँगा राज़ अफ़्शाँ[2]
मुझे आप आएँ तन्हा[3] देखने को
1 आख़िरी समय 2 खुल जाना 3 अकेला

'नसीर' उन की गली में क्यूँ गए थे
ख़ुदी अपना तमाशा देखने को

थी जिस के मुक़द्दर[1] में गदाई[2] तिरे दर की
क़ुदरत ने उसे राह दिखाई तिरे दर की

1 क़िस्मत 2 फ़क़ीरी

मैं भूल गया नक़्श-ओ-निगार-ए-रुख़-ए-जन्नत[1]
सूरत जो कभी सामने आई तिरे दर[2] की

1 स्वर्ग के बेल बूटे 2 द्वार

फिर उस ने कोई और तसव्वुर नहीं बाँधा
हम ने जिसे तस्वीर दिखाई तिरे दर की

रोया हूँ मैं उस शख़्स के पावों से लिपट के
जिस ने भी कोई बात सुनाई तिरे दर की

ये अर्ज़-ओ-समावात[1] तेरी ज़ात का सदक़ा
मोहताज है ये सारी ख़ुदाई तिरे दर की

1 पृथ्वी और आकाश

आया है 'नसीर' आज तमन्ना यही ले के
पलकों से किए जाए सफ़ाई तिरे दर की

शाहान-ए-जहाँ[1] किस लिए शरमाए हुए हैं
क्या बज़्म[2] में तैबा[3] के गदा[4] आए हुए हैं
1 दुनिया के बादशाह 2 सभा 3 मदीना 4 फ़क़ीर

हंगामा-ए-महशर[1] में कहाँ हब्स[2] का ख़दशा[3]
गेसू[4] शह-ए-कौनैन[5] के लहराए हुए हैं
1 क़यामत के दिन 2 घुटन 3 चिंता 4 सर के बाल 5 दोनों जगत का बादशाह

हाजत[1] नहीं जुम्बिश[2] की यहाँ ऐ लब-ए-साएल[3]
वो यूँ भी करम हाल पे फ़रमाए हुए हैं
1 ज़रूरत 2 हिलने 3 माँगने वाले के होंट

ये शहर-ए-मदीना है कि है इक कशिश[1] आबाद
महसूस ये होता है कि घर आए हुए हैं
1 आकर्षण

जन्नत[1] की फ़ज़ाएँ[2] उन्हें बहला न सकेंगी
जो आप की गलियों की हवा खाए हुए हैं
1 स्वर्ग 2 वातावरण

बन जाएगी महशर[1] में 'नसीर' अब तिरी बिगड़ी
सरकार शफ़ाअत[2] के लिए आए हुए हैं
1 क़यामत के दिन 2 क्षमा-याचना

कौन हो मसनद-नशीं ख़ाक-ए-मदीना[1] छोड़ कर
ख़ुल्द[2] देखे कौन कू-ए-शाह-ए-बतहा[3] छोड़ कर
1 मदीने की मिट्टी 2 स्वर्ग 3 मदीने की गलियाँ

दिल की बस्ती और अरमानों की दुनिया छोड़ कर
हाय क्यूँ लौटे थे हम शहर-ए-मदीना छोड़ कर

घर से पहुँचे उन के रौज़े[1] पर तो हम को यूँ लगा
जैसे आ निकले कोई गुलशन[2] में सहरा[3] छोड़ कर
1 मक़बरा 2 बाग़ 3 वीराना

मुस्तफ़ा[1] जन्नत[2] में जाएँगे न उम्मत[3] के बग़ैर
जा नहीं सकता कभी तिनकों को दरिया छोड़ कर
1 हज़रत मोहम्मद 2 स्वर्ग 3 हज़रत मोहम्मद के अनुयायी

मैं कहाँ घूमूँ कहाँ ठहरूँ किसे देखा करूँ
उन की गलियाँ उन की जाली उन का रौज़ा[1] छोड़ कर
1 मक़बरा

पूछने फिर कौन आएगा 'नसीर' उन के सिवा
जिस लहद[1] में तुझ को सब लौटेंगे तन्हा[2] छोड़ कर
1 क़ब्र 2 अकेला

दिल में किसी को और बसाया न जाएगा
ज़िक्र-ए-रसूल-ए-पाक[1] भुलाया न जाएगा

1 हज़रत मोहम्मद का चर्चा

वो ख़ुद ही जान लेंगे जताया न जाएगा
हम से तो अपना हाल सुनाया न जाएगा

हम को जज़ा[1] मिलेगी मोहम्मद के इश्क़ की
दोज़ख़[2] के आस-पास भी लाया न जाएगा

1 बदला 2 नरक

बे-शक[1] हुज़ूर शाफ़े-ए-महशर[2] हैं मुनकिरो[3]
क्या उन के सामने तुम्हें लाया न जाएगा

1 निःसंदेह 2 हज़रत मोहम्मद 3 इंकार करने वालों

रौशन रहेगा दाग़-ए-फ़िराक़-ए-शह-ए-उमम[1]
ये वो चराग़ है जो बुझाया न जाएगा

1 हज़रत मोहम्मद की जुदाई का दाग़

मानेगा उन की बात ख़ुदा हश्र[1] में 'नसीर'
बिन-मुस्तफ़ा[2] ख़ुदा को मनाया न जाएगा

1 क़यामत 2 हज़रत मोहम्मद के बिना

क़ुदरत[1] ने आज अपने जल्वे दिखा दिए हैं
आमद[2] पे मुस्तफ़ा[3] की पर्दे उठा दिए हैं

1 ईश्वर 2 आगमन 3 हज़रत मोहम्मद

ये कौन आ रहा है ये आज कौन आया
सोए हुए मुक़द्दर[1] किस ने जगा दिए हैं

1 क़िस्मत

बे-कस-नवाज़[1] उन सा पैदा हुआ न होगा
बिछड़े मिला दिए हैं उजड़े बसा दिए हैं

1 बेकसों का दाता

शाहों[1] के दर[2] पे जाना तौहीन[3] थी हमारी
उन की गली में हम ने बिस्तर लगा दिए हैं

1 बादशाहों 2 द्वार 3 अपमान

सीने में हूँ सजाए यादों की एक महफ़िल[1]
उन की लगन ने दिल में मेले लगा दिए हैं

1 सभा

वो जानें ऐ 'नसीर' अब या जाने उन का ख़ालिक़[1]
हम ने तो दिल के दुखड़े उन को सुना दिए हैं

1 ईश्वर

सँवर जाएगी सब की आक़िबत[1] सब का भला होगा
क़यामत में मोहम्मद मुस्तफ़ा का आसरा होगा

1 भाग्य

पुकारेंगे शफ़ी-उल-मुज़्नबीं[1] को सब क़यामत में
वहाँ पर सब का नारा या-मोहम्मद मुस्तफ़ा होगा

1 हज़रत मोहम्मद

हमारी ख़ाक[1] के ज़र्रे भी पहुँचेंगे वहाँ उड़ कर
मदीने की तलब होगी मदीना मुद्दआ होगा

1 मिट्टी

नबी का दर[1] है और अक़्सा-ए-आलम[2] की जबीं-साई[3]
ये मंज़र चश्म-ए-क़ुदरत[4] से ख़ुदा ख़ुद देखता होगा

1 द्वार 2 दुनिया का सुदूर छोर 3 माथा रगड़ना 4 शक्ति की आँख

जो उन के आस्तान-ए-पाक[1] पर सर अपना ख़म[2] कर दे
वो क़िस्मत का धनी होगा सिकंदर वक़्त का होगा

1 हज़रत मोहम्मद की समाधि 2 झुका हुआ

अभी ज़ौक़-ए-जुनूँ[1] सोज़-ए-दरूँ[2] बख़्शा है हज़रत ने
'नसीर' उन की मोहब्बत में न जाने और क्या होगा

1 दीवानगी का स्वाद 2 आंतरिक वेदना

ये न पूछो मिला हमें दर-ए-ख़ैर-उल-वरा[1] से क्या
नज़र उन की पड़ी तो हम हुए पल-भर में क्या से क्या

1 हज़रत मोहम्मद का द्वार

मिरे दिल की वो धड़कनें दम-ए-फ़रियाद[1] सुनते हैं
मुतवज्जिह[2] जो हैं वो हैं मुझे बाद-ए-सबा[3] से क्या

1 फ़रियाद का समय 2 ध्यान देनेवाला 3 सवेरे की पुर्वा हवा

नज़र उन की जो हो गई असर आया दुआ में भी
मिरे दिल की तड़प ही क्या मिरे दिल की सदा से क्या

जिसे इस का यक़ीन है कि वही बख़्शवाएंगे
कोई ख़तरा कोई झिझक उसे रोज़-ए-जज़ा[1] से क्या

1 क़यामत का दिन

रह-ए-तैबा[1] में बे-ख़ुदी के मनाज़िर हैं दीदनी[2]
कभी नक़्शे हैं कुछ से कुछ कभी जल्वे हैं क्या से क्या

1 मदीने के रास्ता 2 देखने के लायक़

जिसे ख़ैरात[1] बे-तलब[2] मिले बाब-ए-रसूल[3] से
उसे दारैन[4] में 'नसीर' ग़रज़ मा-सिवा[5] से क्या

1 दान 2 बे-मांगे 3 हज़रत मोहम्मद के द्वार 4 संसार और परलोक 5 ईश्वर के अतिरिक्त

जिस तरफ़ से गुल-ए-गुलशन-ए-अदनान[1] गया
साथ ही क़ाफ़िला-ए-संुबुल-ओ-रैहान[2] गया

1 हज़रत मोहम्मद 2 ख़ुश्बुओं का कफ़िला

उस बुलंदी पे न हर्गिज़ कोई इंसान गया
अर्श[1] पर बन के वो अल्लाह[2] का मेहमान गया

1 ईश्वर का सिंहासन 2 ईश्वर

ले के जन्नत[1] की तरफ़ जब मुझे रिज़वान[2] गया
शोर उट्ठा वो गदा-ए-शह-ए-ज़ीशान[3] गया

1 स्वर्ग 2 स्वर्ग के दरबान का नाम 3 शान-ओ-शौकत वाले बादशाह का फ़क़ीर

उस के दामन में नहीं कुछ भी नदामत[1] के सिवा
जिस के हाथों से तेरा दामन-ए-एहसान[1] गया

1 पछतावा 2 एहसान का दामन

था मदीने में अरब और अजम[1] का मालिक
वो जो मक्का से वहाँ बे-सर-ओ-सामान[2] गया

1 अरब के अतिरिक्त शेष संसार 2 बिना साज़-ओ-सामान

मेरे आमाल[1] तो बख़्शिश[2] के न थे फिर भी 'नसीर'
की मोहम्मद ने शफ़ाअत[3] तो ख़ुदा[4] मान गया

1 कर्म 2 क्षमा 3 सिफ़ारिश 4 ईश्वर

रोज़-ए-अज़ल[1] ख़ालिक़[2] ने जारी पहला ये फ़रमान किया
उनको बना कर शाह-ए-रसूलाँ[3] दो जग का सुलतान किया

1 प्रथम दिन 2 ईश्वर 3 रसूलों के सरदार

शान-ए-अबुल-क़ासिम[1] देखो तो रब्ब-ए-जहाँ[2] ने दुनिया में
पहले क़ुरआँ वाला भेजा फिर नाज़िल क़ुरआन किया

1 हज़रत मोहम्मद की शान 2 ईश्वर

भेज के हम में महबूब अपना दीन के नुक्ते समझाए
पर्दे-पर्दे में उम्मत की बख़्शिश का सामान किया

जाली चूमी, अर्ज़ गुज़ारी, अश्क बहाए, ना'त पढ़ी
हमने मदीने जा कर दिल का पूरा हर अरमान किया

ग़म के भँवर से पार लगाया शाह-ए-अरब[1] ने कश्ती को
हर मंजधार का रेला रोका, ख़त्म हर इक तूफ़ान किया

1 हज़रत मोहम्मद

सदक़े जाऊँ 'नसीर' उस आक़ा उस मौला की रहमत पर
राह दिखा कर इस दर की मुझ निर्धन पर एहसान किया

अल्लाह के दिलबर हो तुम अरफ़ा-ओ-आला हो
तुम शाफ़े-ए-महशर हो काली कमली वाले
काली कमली वाले
ऐ शाह-ए-शब-ए-इसरा कौनैन के रखवाले
दरबार अलग तेरा
जिब्रील तिरा शैदा, मुहताज है जग तेरा
काली कमली वाले
बिगड़ी को सँवारेंगे
तैबा के तसव्वुर में दिन रात गुज़ारेंगे
काली कमली वाले
क्यों और किसी घर से
जो कुछ हमीं मिलना है मिलना है तिरे दर से
काली कमली वाले
चौखट तेरी आली है
कुछ भीक मिले आक़ा झोली मेरी ख़ाली है
काली कमली वाले
मिलने ही नहीं जाता
शाहों को तिरा मँगता ख़ातिर में नहीं लाता
काली कमली वाले
अब कौन हमारा है
दूलहा शब-ए-इसरा के इक तेरा सहारा है
काली कमली वाले
फ़र्यादी हूँ मैं कब का
बस इक नज़र-ए-रहमत हो जाये भुला सब का
काली कमली वाले
फ़ित्रत में बिलाली हूँ
मैं ग़ैर से क्यों माँगूँ जब तेरा सवाली हूँ
काली कमली वाले

मंक़बत

मंक़बत हज़रत मौला अली

मंज़र फ़ज़ा-ए-दहर[1] में सारा अली का है
जिस सम्त देखता हूँ नज़ारा अली का है

1 संसार का वातावरण

हस्ती की आब-ओ-ताब[1] हुसैन आसमाँ जनाब
ज़हरा का लाल राज-दुलारा अली का है

1 चमक-दमक

तुम दख़्ल दे रहे हो अक़ीदत[1] के बाब[2] में
देखो मोआमला ये हमारा अली का है

1 श्रद्धा 2 विषय

आसार[1] पढ़ के मेहदी-ए-दौराँ[2] के यूँ लगा
जैसे ज़ुहूर[3] वो भी दोबारा अली का है

1 जीवन परिचय 2 अपने दौर का मेहदी 3 अवतरण

दुनिया में और कौन है अपना ब-जुज़[1] अली
हम बे-कसों[2] को है तो सहारा अली का है

1 सिवा 2 बेबस

तू क्या है और क्या है तेरे इल्म[1] की बिसात
तुझ पर करम 'नसीर' ये सारा अली का है

1 ज्ञान

मंक़बत हज़रत इमाम हुसैन

तारी है अहल-ए-जब्र[1] पे हैबत हुसैन की
अल्लाह रे ये शान-ए-जलालत[2] हुसैन की

1 अत्याचारी 2 प्रतापी शान

कटवा के सर गवाही-ए-तौहीद[1] दे गए
बे-मिस्ल है जहाँ में शहादत हुसैन की

1 ईश्वर को एक होने की गवाही

पेश-ए-नज़र[1] हुसूल[2] न था तख़्त-ओ-ताज का
थी ज़ुल्म के ख़िलाफ़ बग़ावत हुसैन की

1 सामने 2 प्राप्ति

नर्मी वही ख़ुलूस[1] वही सादगी वही
मिलती थी मुस्तफ़ा से तबीअत हुसैन की

1 निष्ठा

रखते हैं अपनी याद से आबाद मेरा दिल
है मुझ पे ये 'नसीर' इनायत हुसैन की

निकला वो ज़ुल-जनाह[1] अलम[2] के जुलूस में
कर लो 'नसीर' बढ़ के ज़ियारत हुसैन की

1 हज़रत इमाम हुसैन का घोड़ा 2 इमाम हुसैन के नाम का पंजा और पटका जो मुहर्रम के समय जुलूस में उठाते हैं

तड़प उठता है दिल लफ़्ज़ों में दोहराई नहीं जाती
ज़बाँ पर कर्बला[1] की दास्ताँ लाई नहीं जाती

1 प्रसिद्ध स्थान जहाँ हजरत इमाम हुसैन शहीद हुए थे

हुसैन इब्न-ए-अली[1] के ग़म में हूँ दुनिया से बे-गाना[2]
हुजूम-ए-ख़ल्क़[3] में भी मेरी तन्हाई नहीं जाती

1 हज़रत अली की बेटे 2 अनजान 3 लोगों का हुजूम

उदासी छा रही है रूह पर शाम-ए-ग़रीबाँ[1] की
तबीअत है कि बहलाने से बहलाई नहीं जाती

1 मुसीबत और बे-कसी की शाम

कहा शब्बीर[1] ने अब्बास[2] तुम मुझ को सहारा दो
जवाँ बेटे की मय्यत मुझ से दफ़नाई नहीं जाती

1 इमाम हुसैन 2 हज़रत अब्बास

हुसैनियत को पाना है तो टक्कर ले यज़ीदों से
ये वो मंज़िल है जो लफ़्ज़ों में समझाई नहीं जाती

'नसीर' आख़िर अदावत[1] के भी कुछ आदाब होते हैं
किसी बीमार को ज़ंजीर पहुँचाई नहीं जाती

1 दुश्मनी

मंक़बत दाता गंज बख़्श हज़रत अली हुज्वेरी

हर क़दम पर हमें बख़्शेगा सहारा दाता
सद्र-ए-ऐवान-ए-विलायत[1] है हमारा दाता

1 सूफ़ियों के महल का सरदार

दिल हों अनवार से मामूर[1] मुक़द्दर जागें
जिस तरफ़ हो तिरी रहमत का इशारा दाता

1 भरा हुआ

देखिए देखिए बस एक नज़र मेरी तरफ़
कीजिए कीजिए ज़हमत[1] ये गवारा दाता

1 कष्ट

बस यही मेरी दुआ है यही हसरत मेरी
हाज़िरी हो तिरी चौखट पे दोबारा दाता

बंद की आँख दर-ए-पाक[1] पे जा पहुंचाएँ
जब बहुत दीद[2] की हसरत ने उभारा दाता

1 पवित्र आस्ताना 2 दर्शन

पेशवाओं[1] में 'नसीर' उस की नहीं कोई मिसाल
कुछ कहे कोई हमारा है हमारा दाता

1 सरदारों

दिल-ए-मायूस[1] को देता है सहारा दाता
ऐसा दाता है हक़ीक़त में हमारा दाता
1 मायूस दिल

की मदद हक़ ने उसे जब भी पुकारा दाता
तेरी तालीम[1] का सदक़ा है ये सारा दाता
1 शिक्षा

ऐन मुम्किन है कि अल्लाह[1] मुझे बख़्श ही दे
क़ब्र से ले के उठूँ नाम तुम्हारा दाता
1 ईश्वर

है शब-ओ-रोज़[1] तसव्वुर में ज़ियारत[2] हासिल
सामने है मिरे दरबार तुम्हारा दाता
1 रात और दिन 2 दर्शन

मेरे होंटों पे अगर नाम तुम्हारा आ जाए
लेने आए मुझे तूफ़ाँ में किनारा दाता

ग़ौस-ए-आज़म[1] के हवाले से 'नसीर' आया है
इक नज़र उस पे भी हो जाए ख़ुदा-रा[2] दाता
1 शैख़ अब्दुल क़ादिर जीलानी 2 ईश्वर के लिए

मंक़बत शैख़ अब्दुल क़ादिर जीलानी

आस्ताँ है ये किस शाह-ए-ज़ीशान[1] का मर्हबा-मर्हबा
क़ल्ब[2] हैबत से लर्ज़ां है इंसान का मर्हबा-मर्हबा
है असर बज़्म पर किस के फ़ैज़ान[3] का मर्हबा-मर्हबा
घर बसाने मिरी चश्म-ए-वीरान[4] का मर्हबा-मर्हबा

1 शान वाला बादशाह 2 दिल 3 कृपा 4 बंजर आँखें

चाँद निकला हसन के शबिस्तान[1] का मर्हबा मर्हबा

1 महल

सर की ज़ीनत अमामा[1] है इरफ़ान[2] का मर्हबा-मर्हबा
जुब्बा तन पर मोहम्मद के एहसान का मर्हबा-मर्हबा
रँग आँखों में ज़हरा के फ़ैज़ान का मर्हबा-मर्हबा
रूप चेहरे पे आयात-ए-क़ुरआन[3] का मर्हबा-मर्हबा

1 पगड़ी 2 ब्रहमज्ञान 3 क़ुरआन की आयत

सज के बैठा है नौशाह जीलान[1] का मर्हबा-मर्हबा

1 बग़दाद का गाँव

बज़्म-ए-कौन-ओ-मकाँ[1] को सजाया गया आज सल्ले-अला
साएबाँ[2] रहमतों का लगाया गया आज सल्ले-अला
अंबिया[3] औलिया[4] को बुलाया गया आज सल्ले-अला
इब्न-ए-ज़हरा[5] को दूल्हा बनाया गया आज सल्ले-अला

1 दोनों जगत 2 छप्पर 3 ईशदूत 4 संत लोग 5 ज़हरा का बेटा

उर्स है आज महबूब-ए-सुबहान[1] का मर्हबा-मर्हबा

1 ईश्वर का महबूब

आसमाँ मंज़िलत[1] किस का ऐवान[2] है वाह क्या शान है
आज ख़ल्क़-ए-ख़ुदा[3] किस की मेहमान है वाह क्या शान है
ला-तख़फ़[4] किस का मशहूर फ़रमान है वाह क्या शान है
बिल-यक़ीं[5] वो शहंशाह-ए-जीलान है वाह क्या शान है

1 आसमान 2 महल 3 ख़ुदा की मख़्लूक़ 4 मत डरो 5 नि:संदेह

हक़ दिया जिस को क़ुदरत[1] ने एलान का मर्हबा मर्हबा

1 ईश्वर

हर तरफ़ आज रहमत की बरसात है वाह क्या बात है
आज खुलने पे क़ुफ़्ल-ए-मुहिम्मात[1] है वाह क्या बात है
चार-सू[2] जल्वा-आराई-ए-ज़ात[3] है वाह क्या बात है
कोई भरने पे कश्कोल-ए-हाजात[4] है वाह क्या बात है

1 महत्वपूर्ण कामों का ताला 2 हर तरफ़ 3 ईश्वर की उपस्थिति 4 मुरादों की झोली

जागने को मुक़द्दर[1] है इंसान का मर्हबा-मर्हबा

1 भाग्य

शम-ए-तौहीद[1] दिल में जला कर पियो दिल लगा कर पियो
शाह-ए-बतहा[2] की ख़ैरात पा कर पियो दिल लगा कर पियो
नग़मा-ए-कासा-ए-वस्ल[3] गा कर पियो दिल लगा कर पियो
आँख मेहर-ए-अली[4] से मिला कर पियो दिल लगा कर पियो

1 एकेश्वरवाद का चराग़ 2 मदीने का बादशाह 3 मिलन के प्याला का संगीत 4 अली का सूरज

ख़ुद पिलाने पे साक़ी[1] है जीलान का मर्हबा-मर्हबा

1 शराब पिलाने वाला

हर घड़ी मेहरबाँ ज़ात-ए-बारी[1] रहे फ़ैज़ जारी रहे
ख़ाक-बोसी[2] पे बाद-ए-बहारी[3] रहे फ़ैज़ जारी रहे
आलम-ए-कैफ़[4] में बज़्म सारी रहे फ़ैज़ जारी रहे
बे-ख़ुदी[5] तेरे मस्तों पे तारी रहे फ़ैज़ जारी रहे

1 ईश्वर 2 मिट्टी चुंबन 3 बसंत ऋतु की हवा 4 मस्ती की हालत 5 मस्ती

मेंह[1] बरसता रहे तेरे एहसान का मर्हबा-मर्हबा

1 बादल

गोलड़े[1] की ज़मीं कितनी मसऊद[2] है ख़ित्ता-ए-जूद[3] है
इब्न-ए-मौला अली[4] जिस में मौजूद है ख़ित्ता-ए-जूद है
क्या हसीं मंज़र-ए-शान-ए-माबूद[5] है ख़ित्ता-ए-जूद है
हर अयाज़[6] इस का हम-दोश-ए-महमूद[7] है ख़ित्ता-ए-जूद है

1 इस्लामाबाद का गाँव 2 मुबारक 3 दानशीलता का क्षेत्र 4 हज़रत अली का पुत्र
5 ईश्वर की शान का दृश्य 6 महमूद गज़नवी का तुर्की ग़ुलाम

औज पाया है बिर्जीस-ओ-कैवान[1] का मर्हबा-मर्हबा

1 दो बड़े सितारे

दर बदर मुफ़्त की ठोकरें खाए क्यूँ हाथ फैलाए क्यूँ
माँगने कू-ए-अग़्यार[1] में जाए क्यूँ हाथ फैलाए क्यूँ
उस के नामूस-ए-ग़ैरत[2] पे हर्फ़ आए क्यूँ हाथ फैलाए क्यूँ
दिल क़नाअत[3] की ज़ौ से न चमकाए क्यूँ हाथ फैलाए क्यूँ

1 दूसरों की गली 2 स्वाभिमान की मर्यादा 3 संतोष

जो नमक-ख़्वार[1] हो पीर-ए-पीरान[2] का मर्हबा-मर्हबा

1 नमक खाने वाला 2 पीरों का पीर

शाह-ए-जीलाँ[1] की चौखट सलामत रहे ता-क़यामत[2] रहे
नक़्श-ए-पा[3] का चमन पर करामत रहे ता-क़यामत रहे
ख़िलअत-ए-इज्तिबा[4] ज़ेब-क़ामत[5] रहे ता-क़यामत रहे
सर पे वलियों[6] का ताज-ए-इमामत[7] रहे ता-क़यामत रहे

1 जीलान का बादशाह 2 क़यामत तक 3 पाँव का चिन्ह 4 पसंदीदगी का जोड़ा 5 काठी की शोभा 6 वली का बहुवचन 7 नेतृत्व का ताज

सिलसिला ग़ौस-ए-आज़म के फ़ैज़ान का मर्हबा-मर्हबा

मज़हर-ए-ज़ात-ए-रब्ब-ए-क़दीर[1] आप हैं दस्तगीर[2] आप हैं
कारवान-ए-करम[3] के अमीर आप हैं दस्तगीर आप हैं
शाह-ए-बग़दाद[4] पीरान-ए-पीर आप हैं दस्तगीर आप हैं
इस 'नसीर'-ए-हज़ीं[5] के 'नसीर' आप हैं दस्तगीर आप हैं

1 क़ादिर के रब का प्रकटीकरण 2 मददगार 3 कृपा का क़ाफ़िला 4 बग़दाद का बादशाह 5 दुखी 'नसीर'

कोई हम-सर[1] नहीं आप की शान का मर्हबा-मर्हबा

1 बराबरी करने वाला

अल्लाह रे क्या बारगह-ए-ग़ौस-ए-जली[1] है
गर्दन को झुकाए हुए एक एक वली है

1 शैख़ अब्दुल क़ादिर जीलानी की दरगाह

वो ज़ात गुलिस्तान-ए-रिसालत[1] की कली है
नौ-रस्ता-ए-गुल गुलशन-ए-ज़ेहरा-ओ-अली[2] है

1 ताज़ा फूल 2 अली और फ़ातिमा का बग़ीचा

औलाद-ए-हसन आल-ए-हुसैन इब्न-ए-अली[1] है
बे-शक[2] शह-ए-बग़दाद-ए-वली[3] इब्न-ए-वली[4] है

1 इमाम हसन, इमाम हुसैन और मौला अली के वंश 2 बिना किसी शक के 3 बग़दाद के बड़े सूफ़ी 4 हज़रत अली के बेटे

सब उन की इनायत है ख़फ़ी[1] है कि जली[2] है
हर रस्म-ए-करम[3] उन के घराने से चली है

1 गुप्त 2 प्रकट 3 कृपा की परंपरा

हों नक़्श-ए-क़दम[1] जिस पे नबी और अली के
उस दर पे किसी की न चलेगी न चली है

1 पाँव के निशान

मैं उन का हूँ ता-हश्र[1] 'नसीर' उन का रहूँगा
सद-शुक्र[2] कि उन से मिरी निस्बत अज़ली[3] है

1 हश्र तक 2 बहुत-बहुत धन्यवाद 3 अनादिकाल से

हुआ सारे जहाँ में बोल-बाला ग़ौस-ए-आज़म का
हक़ीक़त तो ये है रुत्बा है आला ग़ौस-ए-आज़म का

शरीअत[1] के गुलिस्ताँ[2] में तरीक़त[3] के दबिस्ताँ[4] में
जिधर देखो उजाला ही उजाला ग़ौस-ए-आज़म का

1 ईश्वरीय क़ानून 2 बाग़ 3 धार्मिक अनुष्ठानों का तरीक़ा 4 स्कूल

रुमूज़-ए-मारिफ़त[1] सब मुन्कशिफ़[2] हो जाएँगे उस पर
पढ़ेगा जो तसव्वुफ़ पर मक़ाला ग़ौस-ए-आज़म का

1 ईश्वर ज्ञान का भेद 2 प्रकट

सदाक़त[1] में सख़ावत[2] में रियाज़त[3] में इबादत में
क़यामत तक रहेगा बोल-बाला ग़ौस-ए-आज़म का

1 सच्चाई 2 दानशीलता 3 तपस्या

नबी का नूर फ़ैज़-ए-फ़ातिमा[1] का क्यूँ न हो वारिस[2]
अली मुर्तज़ा हैं जद्द-ए-आला[3] ग़ौस-ए-आज़म का

1 हज़रत फ़ातिमा की कृपा 2 उत्तराधिकारी 3 वंश प्रवर्तक

'नसीर' ईमान है अपना कि महशर में दम-ए-पुर्सिश[1]
हमारे काम आएगा हवाला ग़ौस-ए-आज़म का

1 पूछताछ के समय

तिरी शान सब से जुदा ग़ौस-ए-आज़म
न पहुँचे तुझे औलिया[1] ग़ौस-ए-आज़म

1 सूफ़ी

जमाल-ए-रसूल-ए-ख़ुदा[1] ग़ौस-ए-आज़म
जलाल-ए-अली मुर्तज़ा[2] ग़ौस-ए-आज़म

1 हज़रत मोहम्मद का जमाल 2 हज़रत अली का जलाल

तिरा दौर[1] अफ़्सोस पाया न मैं ने
कभी ख़्वाब ही में तो आ ग़ौस-ए-आज़म

1 ज़माना

न उट्ठे हैं ख़ाली न उट्ठेंगे ख़ाली
तिरे दर से तेरे गदा ग़ौस-ए-आज़म

इनायत[1] से भर दीजिए मेरी झोली
करम कीजिए आज या ग़ौस-ए-आज़म

1 कृपा

'नसीर' आज आया है बन कर सवाली[1]
इसे भी मिले भीक या ग़ौस-ए-आज़म

1 माँगने वाला

इक इक वली रहीन-ए-करम[1] ग़ौस-ए-पाक का
है सब की गर्दनों पे क़दम ग़ौस-ए-पाक का

1 कृपा का कृतज्ञ

मुंकिर-नकीर[1] का हमें ख़दशा[2] ज़रा नहीं
पाते रहे हैं दर्स[3] जो हम ग़ौस-ए-पाक का

1 दो फ़रिश्ते जो मुसलमानों के मतानुसार क़ब्र में मृतकों से पूछताछ करते हैं 2 आशंका 3 पाठ

अल्लाह आज देने पे आया है माँग लो
खुलता है आज बाब-ए-करम[1] ग़ौस-ए-पाक का

1 करम का दरवाज़ा

उम्मत[1] के हक़ में उन की सिफ़ारिश नजात[2] है
करते हैं पास शाह-ए-उमम[3] ग़ौस-ए-पाक का

1 हज़रत मोहम्मद के अनुयायी 2 माफ़ी 3 हज़रत मोहम्मद

मेराज[1] उस की रिफ़अत-ए-कौन-ओ-मकाँ[2] नहीं
होगा बुलंद और अलम[3] ग़ौस-ए-पाक का

1 हज़रत मोहम्मद की आकाशीय यात्रा 2 दोनों जगत की बुलंदी 3 झंडा

तय हो 'नसीर' जादा-ए-हस्ती[1] का यूँ सफ़र
पैरौ रहूँ क़दम-ब-क़दम[2] ग़ौस-ए-पाक का

1 सांसारिक मार्ग 2 पग-पग

❋

हक़्क़-अदा-ओ-हक़्क़-नुमा[1] बग़दाद की सरकार है
क्या तुझे बतलाऊँ क्या बग़दाद की सरकार है

1 सच्चाई बताने वाला और सत्य मार्ग दिखाने वाला

मर्जा-ए-अहल-ए-सफ़ा[1] बग़दाद की सरकार है
सरबराह-ए-औलिया[2] बग़दाद की सरकार है

1 संतों का आश्रय 2 सूफ़ियों का सरदार

औलिया[1] के साथ इत्लाक़-ए-विलायत[2] में शरीक
शान में सब से जुदा बग़दाद की सरकार है

1 सूफ़ियों 2 बंधन मुक्त विलायत

इल्म-ओ-हिक्मत[1] में अली-मौला का सज्जादा-नशीं[2]
राज़-दार-ए-हर-अताई[3] बग़दाद की सरकार है

1 ज्ञान और विद्या 2 गद्दी-नशीन 3 चिकित्सकों का विश्वासपात्र

ऊँचे-ऊचों ने सर आँखों पर लिया जिस का क़दम
वो अनोखा पेशवा बग़दाद की सरकार है

क्या बिगाड़ेगी तिरा सर मार ले दुनिया 'नसीर'
पुश्त पर तेरी सदा बग़दाद की सरकार है

❁

मैं तो जाऊँगी वारी मैं उड़ाऊँगी आज गुलाल
मोरे अँगनाँ में आए मुहीउद्दीं जीलानी लज-पाल

आओ सारी सखियाँ रुल-मिल गाएँ प्रेम के गीत
दिन है मेल-मिलन का खेलें सय्याँ के द्वार धमाल

उतरे चाँद की सूरत मोरे अंगनाँ में ग़ौस-ए-जली[1]
मैं तो खेलुँगी होली आए घर ज़हरा के लाल

1 शैख़ अब्दुल क़ादिर जीलानी का लक़ब

जिन को कहती है जुग में दुनिया अब्दुल-क़ादिर मीराँ
मैं तो उजरी परी थी मोहे कर गए आ के निहाल

यतीम का से कहूँ में तुम बिन दुक्ख बिपता ये अपनी
आई द्वार हे थारे अब तो कह के जाऊँगी हाल

साची बात सुनो तुम मन का पंच-तनी है ये 'नसीर'
ऊका दीन-धर्म है ज़हरा-ओ-मोहम्मद[1] की आल

1 हज़रत मोहम्मद और हज़रत फ़ातिमा

आल-ए-शब्बीर-ओ-शब्बर[1] फ़ातिमा-ज़हरा के दिलबर
मेरा सरमाया है तेरी विला[2] या ग़ौस-ए-आज़म

1 शैख़ अब्दुल क़ादिर जीलानी 2 मोहब्बत

तुम ही से माँगूँगा तुम हो अब अबुल-क़ासिम[1] के प्यारे
तुम ही सुनते हो मेरी इल्तिजा या ग़ौस-ए-आज़म

1 हज़रत मोहम्मद

मेरे जीवन की नय्या हो रही है नज़्र-ए-तूफ़ाँ
हामी है कौन इस दम तेरे सिवा या ग़ौस-ए-आज़म

इस की नुसरत को पहुंचा है वहीं जीलानी लश्कर
सिद्क़-ए-नियत[1] से जिसने भी कहा, या ग़ौस-ए-आज़म

1 सच्ची नीयत

शाहों[1] की शाही को वो किस तरह ख़ातिर में लाए
जिसके होंटों पर हो सुब्ह-ओ-मसा[2] या ग़ौस-ए-आज़म

1 बादशाहों 2 रात-दिन

अपने बेगाने के शर[1] से 'नसीर' अब डर काहे का
मेरा हाफ़िज़ है, या मेरा ख़ुदा या ग़ौस-ए-आज़म

1 बुराई

❁

मंक़बत ख़्वाजा मुइनुद्दीन चिश्ती

उस्माँ के लाल आप का दरबार है आली अजमेर के वाली
साएल[1] तेरे दरबार से जाता नहीं ख़ाली अजमेर के वाली

1 माँगने वाला

तू इब्न-ए-अली[1] फ़ातिमा ज़हरा का दुलारा सिबतैन[2] का प्यारा
वलियों[3] में मिली है तुझे क्या शान-निराली अजमेर के वाली

1 हज़रत अली का बेटा 2 इमाम हसन और हुसैन 3 सूफ़ियों

दे दे मुझे कुछ वाली-ए-बग़दाद[1] का सदक़ा अज्दाद[2] का सदक़ा
भर दे कि मिरा दामन-ए-उम्मीद[3] है ख़ाली अजमेर के वाली

1 बग़दाद के शहंशाह 2 दादा 3 भरोसे की उम्मीद

जैसा भी हूँ तेरा हूँ बुरा हूँ कि भला हूँ टुकड़ों पे पला हूँ
क्यूँ जाए किसी दर पे तेरे दर का सवाली अजमेर के वाली

दर्शन को तरसती हूँ मिरे भाग जगाओ अजमेर बुलाओ
चूमूँ मैं तिरे रौज़ा-ए-पुर-नूर[1] की जाली अजमेर के वाली

1 चमकदार मक़बरा

धुन है कि 'नसीर' आप के दरबार में पहुँचे सरकार में पहुँचे
लेकर दर-ए-अक़्दस[1] पे वो इख़्लास[2] की डाली अजमेर के वाली

1 पवित्र द्वार 2 निष्ठा

❁

अदब से अर्ज़ है बा-चश्म-ए-तर[1] ग़रीब-नवाज़
इधर भी एक उचटती नज़र ग़रीब-नवाज़
1 भीगी आँखें

मिरे जुनूँ में हो तुम मुस्ततर[1] ग़रीब-नवाज़
मिरा जुनूँ है तुम्हारी ख़बर ग़रीब-नवाज़
1 गुप्त

बहुत दिनों से है ज़ौक़-ए-सफ़र[1] ग़रीब-नवाज़
निगाह-ए-शौक़[2] में है रहगुज़र ग़रीब-नवाज़
1 सफ़र की इच्छा 2 प्रेम की दृष्टि

ख़बर नहीं कि ग़रीबों का हश्र क्या होता
ख़ुदा तुम्हें न बनाता अगर ग़रीब-नवाज़

तुम्हारे दर से क़यामत ही अब उठाएगी
यहाँ से जाएँ तो जाएँ किधर ग़रीब-नवाज़

'नसीर' ख़्वाजा-ए-अजमेर इस लिए हैं करीम[1]
कि है अज़ल[2] से मोहम्मद का घर ग़रीब-नवाज़
1 दयालु 2 अनादिकाल

तेरे दर पर मैं आया हूँ ख़्वाजा मेरा तुझ बिन सहारा नहीं है
तेरे दीदार की आरज़ू है और कोई तमन्ना नहीं है

मैं ने देखे हसीनान-ए-आलम[1] कोई तुम-सा अनोखा नहीं है
जब से देखी है सूरत तुम्हारी कोई नज़रों में जचता नहीं है
1 दुनिया की हसीनाएं

मैं तिरे दर का हूँ इक सवाली कोई है मेरा वारिस न वाली
फेरना दर[1] से साएल[2] को ख़ाली ये करीमों का शेवा[3] नहीं है
1 द्वार 2 माँगने वाला 3 तरीक़ा

क्या ख़बर तुझ को क्या है अक़ीदत जान-लेवा है रस्म-ए-मोहब्बत[1]
यार के नाम पर सर कटाना आशिक़ी है तमाशा नहीं है
1 प्रेम की रस्म

मेरा हिस्सा यहीं है अज़ल से किस लिए मैं कहीं और जाऊँ
मेरे ख़्वाजा की चौखट सलामत इस दर-ए-पाक[1] पर क्या नहीं है
1 पवित्र द्वार

पी लिया जाम-ए-तौहीद[1] मैं ने ये करम है 'नसीर' उन के दर का
माँगने ग़ैर के दर पे जाना मेरी ग़ैरत ने सीखा नहीं है
1 एकत्व का प्याला

मिरा जहाँ में ज़ुहूर-ओ-ख़िफ़ा[1] मुईनी है
मैं वो हूँ जिस की फ़ना-ओ-बक़ा[2] मुईनी है

1 प्रकट और अप्रकट 2 मरना और जीना

हम अहल-ए-चिश्त[1] हैं ख़्वाजा के चाहने वाले
हमारे शहर की आब-ओ-हवा[2] मुईनी है

1 चिश्ती 2 पानी और हवा, वातावरण

गदा-ए-ख़्वाजा-ए-अजमेर[1] अजमेर हूँ बिहमदिल्लाह[2]
मेरी हयात[3] का रंग ग़िना-ए-मुईनी[4] है

1 ख़्वाजा ग़रीब नवाज़ का भिकारी 2 ईश्वर का शुक्र है 3 ज़िन्दगी

4 ख़्वाजा ग़रीब नवाज़ की मालदारी

मेरे तरीक़[1] से ख़ारिज[2] है मस्लहत-कोशी[3]
फ़क़ीर, क़ौल-ओ-अमल[4] में खुला मुईनी है

1 रास्ते 2 ज़ाहिर 3 फ़रेब 4 रहन-सहन

मिसाल-ए-आईना शफ़्फ़ाफ़[1] है मिरी फ़ित्रत
ख़ुदा का शुक्र कि जौहर मिरा मुईनी है

1 स्वच्छ

नसीरुद्दीन मतीं[1] ख़ुद को कर दिया साबित
'नसीर'! तू तो बड़े काम का मुईनी है

1 मज़बूत

❀

अमीर-ए-किश्वर-ए-हिंदोस्ताँ[1] ग़रीब-नवाज़
फ़रोग़-ए-अंजुमन-ए-चिश्तियाँ[2] ग़रीब-नवाज़

1 भारत का राजा 2 चिश्तियों की सभा की रौनक़

लिए फ़लक[1] ने कड़े इम्तिहाँ ग़रीब-नवाज़
हूँ आज इस लिए महव-ए-फ़ुग़ाँ[2] ग़रीब-नवाज़

1 आसमान 2 फ़रियाद में मसरूफ़

बहार आ गई गुलज़ार-ए-फ़क़्र[1] में तुझ से
तू अहल-ए-चिश्त[2] की रूह-ए-रवाँ[3] ग़रीब-नवाज़

1 फ़क़ीरी का बाग़ीचा 2 चिश्ती (चिश्त का रहने वाला)
3 प्राणवायु

बड़े बड़ों से यही सुनते आए हैं कि नहीं
तिरे अलावा कोई भी यहाँ ग़रीब-नवाज़

तिरी सना में हैं लफ़्ज़ों की झोलियाँ ख़ाली
क़ुबूल हो मिरा इज्ज़-ए-बयाँ[1] ग़रीब-नवाज़

1 समझाने की असमर्थता

ये कम है क्या कि वो पहुँचा है उन की चौखट तक
कहाँ 'नसीर'-सा आसी[1] ग़रीब-नवाज़

1 गुनाहगार

सरताजन के ताज मुईनउद्दीन
तुम हो जगत महाराज मुईनउद्दीन

तुम्हरे द्वारे आन पड़ी हूँ
राखियो राखियो लाज मुईनउद्दीन

तुम हो आल-ए-अली-ओ-ज़हरा
बिगड़े सँवारो काज मुईनउद्दीन

सदक़ा पीर-ए-हारूनी का
भाग जगा दो आज मुईनउद्दीन

शाह-ए-शहाँ अजमेर के ख़्वाजा
हिंद पे तोरा राज मुईनउद्दीन

मैं बे-आब हक़ीर सा क़तरा
तुम बह्र-ए-मव्वाज मुईनउद्दीन

तुम्हरे पांव में सर रख देना
फ़क़्र की है मेराज मुईनउद्दीन

क्यों न जपूँ में नाम तुम्हारा
तुम हो मोरे सरताज मुईनउद्दीन

मैं हूँ एक गरीब भिकारन
तुम हो ग़रीब नवाज मुईनउद्दीन

तुम्हरे द्वार बिना कित जाऊं
मैं निर्धन मोहताज मुईनउद्दीन

मैं क्यों जाऊं दर से ख़ाली
लेके उठूँगी आज मुईनउद्दीन

रख लो हुसैन-ओ-हसन के सदक़े
अपने 'नसीर' की लाज मुईनउद्दीन

मंक़बत गंज-ए-शकर हज़रत बाबा फ़रीद

हुए हैं दीदा-ओ-दिल[1] महव-ए-शान-ए-गंज-ए-शकर[2]
ज़हे-नसीब[3] मिला आस्तान-ए-गंज-ए-शकर[4]

1 आँखें और दिल 2 बाबा फ़रीद की शान में मिटना 3 सौभाग्य 4 बाबा फ़रीद की दरगाह

वो भीड़ देखिए वो आस्तान-ए-गंज-ए-शकर
नज़र के सामने हैं ज़ाइरान-ए-गंज-ए-शकर[1]

1 बाबा फ़रीद की चौखट

सदा-बहार हैं उस के तमाम ग़ुंचा-ओ-गुल[1]
ख़िज़ाँ[2] की ज़द में नहीं गुलिस्तान-ए-गंज-ए-शकर[3]

1 कली और फूल 2 पतझड़ की ऋतु 3 बाबा फ़रीद का बाग़

उन्हीं के बाग़ के गुल साबिर-ओ-निज़ामुद्दीन[1]
बसे हैं दिल में मिरे दिलबरान-ए-गंज-ए-शकर[2]

1 हज़रत साबिर-ए-पाक और हज़रत निज़ामुद्दीन औलिया 2 बाबा फ़रीद के प्यारे

जो इन के दोस्त हैं वो सुर्ख़रु[1] जहाँ में हैं
ज़लील-ओ-ख़्वार[2] हुए दुश्मनान-ए-गंज-ए-शकर[3]

1 कामयाब 2 बेइज़्ज़त और रुसवा 3 बाबा फ़रीद के दुश्मन

'नसीर' अपनी सी कोशिश क़लम ने की लेकिन
तमाम हो न सकी दास्तान-ए-गंज-ए-शकर[1]

1बाबा फ़रीद की दास्तान

मुज़्दा-ए-तस्कीं[1] फ़ज़ा गंज-ए-शकर का उर्स है
ग़मज़दों[2] का आसरा गंज-ए-शकर का उर्स है
1 सुकून की शुभ सूचना 2 दुःखी लोग

ज़ोह्द[1] में क्या धूम है गंज-ए-शकर की चार सू[2]
महफ़िल-ए-हस्ती[3] में क्या गंज-ए-शकर का उर्स है
1 परहेज़-गारी 2 चारों तरफ़ 3 दुनिया की महफ़िल

इक बहिश्त-ए-अम्न[1] है दरवाज़ा-ए-बाबा फ़रीद[2]
बाइस-ए-दफ़-ए-बला[3] गंज-ए-शकर का उर्स है
1 शांति का स्वर्ग 2 बाबा फ़रीद का दरवाज़ा 3 मुसीबत और संकट के कारण

उम्र-भर जिस ने मिलाया अब्द[1] को माबूद[2] से
आज उस मर्द-ए-ख़ुदा[3] गंज-ए-शकर का उर्स है
1 बन्दों 2 ईश्वर 3 ईश्वर का बंदा

पाँव धरने को जगह मिलती नहीं है शहर में
भीड़ ये कैसी है क्या गंज-ए-शकर का उर्स है

खींचता था मुझ को रिज़वाँ[1] ख़ुल्द[2] की जानिब 'नसीर'
वो तो मैं ने कह दिया गंज-ए-शकर का उर्स है
1 स्वर्ग के द्वार का दारोग़ा 2 स्वर्ग

मंक़बत साबिर पाक हज़रत अली अहमद

आशिक़ान-ए-ज़ात-ए-हक़[1] का मुद्दआ कलियर में है
ग़ौस-ए-आज़म[2] का सजीला[3] दिल-रुबा कलियर में है

1 ईश्वर प्रेमियों 2 शैख़ अब्दुल क़ादिर जीलानी 3 सुन्दर

रौशनी की एक नूरानी फ़ज़ा[1] कलियर में है
जल्वा-गर[2] साबिर है शम-ए-मुस्तफ़ा[3] कलियर में है

1 वातावरण 2 रौशन 3 हज़रत मोहम्मद का दीया

साबरी मय-ख़ाने[1] में बटती है इरफ़ाँ[2] की शराब
वाक़ई पीने पिलाने का मज़ा कलियर में है

1 शराब का अड्डा 2 तसव्वुफ़

दीदा-ओ-दिल[1] हैरती हैं देख कर जल्वों का हाल
क्या बताऊँ पूछने वालों से क्या कलियर में है

1 आँखें और दिल

जो तलाश-ए-हक़[1] में सर-गरदाँ[2] हैं वो आएँ इधर
जो ख़ुदा तक ले चले वो बा-ख़ुदा कलियर में है

1 ईश्वर की तलाश 2 बेचैन

देख लो ख़ुद अपनी आँखों से वहाँ जा कर 'नसीर'
जल्वा-ए-हक़[1] की तजल्ली जा-बजा कलियर में है

1 ईश्वर का जल्वा

मंक़बत हज़रत निज़ामुद्दीन चिश्ती

है हिन्द में क्या मक़ाम-ए-औरंगाबाद[1]
ठंडक मिरे दिल की नाम-ए-औरंगाबाद[2]
ता-गोलड़ा-ओ-जलालपुर अज़-देहली[3]
क्या ख़ूब चला निज़ाम-ए-औरंगाबाद[4]

1 औरंगाबाद की जगह 2 औरंगाबाद का नाम 3 गोलड़ा और जलालपुर से दिल्ली तक 4 औरंगाबाद के निज़ाम हज़रत निज़ामुद्दीन

मतवाले[1] न जानें आन-ए-औरंगाबाद
मतवालों से पूछ शान-ए-औरंगाबाद
महबूब-ए-इलाही[2] हैं जो दिल्ली का दिल
हैं ख़्वाजा निज़ाम जान-ए-औरंगाबाद

1 नशे में चूर 2 ईश्वर का महबूब (हज़रत निज़ामुद्दीन)

मंक़बत हज़रत मेहर अली चिश्ती

कब तक रहें महरूमी-ए-क़िस्मत[1] के हवाले - ऐ गोलड़े वाले
अब कौन है जो तेरे सिवा हम को सँभाले - ऐ गोलड़े वाले

1 भाग्य से वंचित होना

मुश्ताक़-ए-ज़ियारत[1] हैं तिरे चाहने वाले कब तक करें नाले[2]
पोशीदा[3] न रख अब रुख़-ए-ताबाँ[4] के उजाले - ऐ गोलड़े वाले

1 दर्शन का इच्छुक 2 फ़रियाद 3 गुप्त 4 चमकता चेहरा

मल्लाह तो बस वो है जो कश्ती को बचाए साहिल से लगाए
मीराँ की तरह तू है भँवर से जो निकाले - ऐ गोलड़े वाले

उट्ठी जो नज़र तेरी तो सब लोग कहेंगे अब खुल के रहेंगे
ईक़ान[1] के दरवाज़े से औहाम[2] के ताले - ऐ गोलड़े वाले

1 आस्था 2 धोके

हो जाए नज़र वाली-ए-बग़दाद[1] का सदक़ा[2] अज्दाद[3] का सदक़ा
आया हूँ दिल-ओ-जाँ[4] से अक़ीदत को सँभाले - ऐ गोलड़े वाले

1 बग़दाद के शहंशाह 2 भेंट 3 दादा 4 दिल और जान

अज़ ख़ाक-नशीनान-ए-तू यक बंदः 'नसीर' अस्त बे-चारा फ़क़ीर अस्त[1]
ख़ुर्शीद-ओ-शैय[2] लाला-रुख़े[3] ज़ुहरा-जमाले - ऐ गोल्ड़े वाले

1 तुम्हारे ख़ाक-नशीनों में एक बंदा 'नसीर' भी है 2 सूर्य और वस्तु 3 सुर्ख़ चेहरे वाला

दिलों के सहारे तू आँखों के तारे मिरे पेशवा[1] पीर मेहर-ए-अली हैं
ख़ुदा उन को प्यारा ख़ुदा को वो प्यारे मिरे पेशवा पीर मेहर-ए-अली हैं

1 सरदार

मुयस्सर[1] जिसे हो गई उन की निस्बत उसे मिल गई मग़्फ़िरत[2] की बशारत[3]
ख़ुदा के वली मुस्तफ़ा के दुलारे मिरे पेशवा पीर मेहर-ए-अली हैं

1 उपलब्ध 2 मुक्ति 3 शुभ संवाद

न क्यूँ मैं अक़ीदत के जौहर दिखाऊँ न क्यूँ जान-ओ-दिल उन पे अपने लुटाऊँ
मिरा हर नफ़स[1] क्यूँ न उन को पुकारे मिरे पेशवा पीर मेहर-ए-अली हैं

1 क्षण

निकल जाएँगे सारे क़िस्मत के चक्कर न मौजों का ख़तरा न तूफ़ान का डर
मिरी नाव ख़ुद जा लगेगी किनारे मिरे पेशवा पीर मेहर-ए-अली हैं

किसी और के किस लिए दर पे जाऊँ किसी और को क्यूँ मैं अपना बनाऊँ
ब-हर कार मर्दे,[1] ब-हर मर्द कारे[2] मिरे पेशवा पीर मेहर-ए-अली हैं

1 हर काम के लिए एक आदमी की आवश्यकता होती है 2 हर आदमी का कुछ न कुछ काम होता है

कहाँ तक इनायत[1] के क़िस्से सुनाऊँ 'नसीर' उन के अल्ताफ़[2] क्यूँ कर गिनाऊँ
हर इक साँस लेता हूँ उन के सहारे मिरे पेशवा पीर मेहर-ए-अली हैं

1 कृपा 2 करम

कलाम

उन के अंदाज़-ए-करम[1] उन पे वो आना दिल का
हाय वो वक़्त वो बातें वो ज़माना दिल का

1 कृपा का अंदाज़

न सुना उस ने तवज्जोह[1] से फ़साना दिल का
ज़िंदगी गुज़री मगर दर्द न जाना दिल का

1 ध्यान

कुछ नई बात नहीं हुस्न पे आना दिल का
मश्ग़ला[1] है ये निहायत ही पुराना दिल का

1पेशा

दिल लगी दिल की लगी बन के मिटा देती है
रोग दुश्मन को भी या-रब न लगाना दिल का

ख़ूब हैं आप बहुत ख़ूब मगर याद रहे
ज़ेब देता नहीं ऐसों को सताना दिल का

उन की महफ़िल में 'नसीर' उन के तबस्सुम[1] की क़सम
देखते रह गए हम हाथ से जाना दिल का

1 मुस्कुराहट

❁

आप इस तरह तो होश उड़ाया न कीजिए
यूँ बन सँवर के सामने आया न कीजिए

या सर पे आदमी को बिठाया न कीजिए
या फिर नज़र से उस को गिराया न कीजिए

कहिए तो आप महव[1] हैं किस के ख़याल में
हम से तो दिल की बात छुपाया न कीजिए
1 गुम

हम आप के घर आप का आएँ हज़ार बार
लेकिन किसी की बात में आया न कीजिए

दिल दूर हों तो हाथ मिलाने से फ़ाएदा
रस्मन किसी से हाथ मिलाया न कीजिए

महरूम[1] हों लताफ़त-ए-फ़ितरत[2] से जो 'नसीर'
उन बे-हिसों को शेर सुनाया न कीजिए
1 वंचित 2 सूक्ष्म प्रकृति

मिरी ज़ीस्त[1] पर मसर्रत[2] कभी थी न है न होगी
कोई बेहतरी की सूरत कभी थी न है न होगी

1 ज़िंदगी 2 ख़ुशी

मुझे हुस्न ने सताया मुझे इश्क़ ने मिटाया
किसी और की ये हालत कभी थी न है न होगी

तिरा नाम तक भुला दूँ तिरी याद तक मिटा दूँ
मुझे इस तरह की जुर्अत[1] कभी थी न है न होगी

1 हिम्मत

मैं ये जानते हुए भी तिरी अंजुमन में आया
कि तुझे मिरी ज़रूरत कभी थी न है न होगी

तिरा हुस्न है यगाना तिरे साथ है ज़माना
मिरे साथ मेरी क़िस्मत कभी थी न है न होगी

ये करम है दोस्तों का जो वो कह रहे हैं सब से
कि 'नसीर' पर इनायत कभी थी न है न होगी

बन के तस्वीर-ए-ग़म रह गए हैं
खोए-खोए से हम रह गए हैं

कीजीए जो सितम रह गए हैं
जान देने को हम रह गए हैं

अब न उठना सिरहाने से मेरे
अब तो गिनती के दम रह गए हैं

अल्लाह-अल्लाह ये किस की गली है
उठते-उठते क़दम रह गए हैं

दौर-ए-माज़ी[1] की तस्वीर-ए-आख़िर
अब 'नसीर' एक हम रह गए हैं

1 गुज़रा वक़्त

दिल 'नसीर' उनका था ले गए वो
हम ख़ुदा की क़सम रह गए हैं

चार तिनकों का सहारा कुछ नहीं
सहन-ए-गुलशन[1] में हमारा कुछ नहीं

1 बाग़ का आँगन

चैन लूटा, दिल मिरा वीराँ किया
बस बिगाड़ा है, सँवारा कुछ नहीं

जान देने के लिए हाज़िर हैं हम
आशिक़ी में ये ख़सारा कुछ नहीं

बे-वफ़ाई भी तिरा एहसान है
इस से बढ़ कर हक़ हमारा कुछ नहीं

इक निगाह-ए-लुत्फ़[1] हम पर भी कभी
अर्ज़ है अपनी, इजारा कुछ नहीं

1 मेहरबानी की नज़र

सारे आलम में वही वो हैं 'नसीर'
सब कुछ उनका है, हमारा कुछ नहीं

❁

आज मिल कर भी उन से न कुछ बात की
हाए मजबूरियाँ मेरे हालात की

सुब्ह को बख़्श दी जो बची रात की
ये इनायत है पीर-ए-ख़राबात[1] की

1 मधुशाला का स्वामी

तेज़-तर[1] क्यूँ न हो शोला-ए-आरज़ू[2]
हिज्र[3] की रात फिर वो भी बरसात की

1 बहुत तेज़ 2 इच्छा की ज्वाला 3 जुदाई

वो जो ख़ुद-दार[1] है मैं बुरा क्यूँ कहूँ
इस सिफ़त[2] में झलक है मिरी ज़ात की

1 स्वाभिमान 2 ख़ूबी

हासिल-ए-ज़िंदगी[1] इश्क़ का मा-हसल[2]
चंद घड़ियाँ वो उन से मुलाक़ात की

1 जीवन का हासिल 2 नतीजा

ऐ 'नसीर' उन को अपना बना लेंगे हम
कोई सूरत तो निकले मुलाक़ात की

दीन से दूर, न मज़हब से अलग बैठा हूँ
तेरी दहलीज़[1] पे हूँ, सब से अलग बैठा हूँ

1 चौखट

ढंग की बात कहे कोई, तो बोलूँ मैं भी
मतलबी हूँ, किसी मतलब से अलग बैठा हूँ

ग़ैर से दूर, मगर उस की निगाहों के क़रीं[1]
महफ़िल-ए-यार[2] में इस ढब से अलग बैठा हूँ

1 पास 2 महबूब की सभा

यही मस्लक[1] है मिरा और यही मेरा मक़ाम[2]
आज तक ख़्वाहिश-ए-मंसब[3] से अलग बैठा हूँ

1 पंथ 2 स्थान 3 स्थान की ख़्वाहिश

उम्र करता हूँ बसर गोशा-ए-तन्हाई में
जब से वो रूठ गए, तब से अलग बैठा हूँ

मेरा अंदाज़ 'नसीर' अहल-ए-जहाँ[1] से है जुदा[2]
सब में शामिल हूँ, मगर सब से अलग बैठा हूँ

1 दुनिया वालों 2 अलग

बस यही सोच के पहरों[1] न रहा होश मुझे
कर दिया हो न कहीं तू ने फ़रामोश मुझे

1 दिन के एक-आठवें हिस्से

तेरी आँखों का ये मय-ख़ाना[1] सलामत साक़ी[2]
मस्त रखता है तिरा बादा-ए-सर-जोश[3] मुझे

1 शराब का अड्डा 2 शराब पिलाने वाला 3 अति-शुद्ध शराब जिसमें तलछट न हो

किस की आहट से ये सोया हुआ दिल जाग उठा
कर दिया किस की सदा ने हमा-तन-गोश[1] मुझे

1 किसी बात को ध्यानपूर्वक सुनने वाला

याद करता रहा तस्बीह[1] के दानों पे जिसे
कर दिया है उसी ज़ालिम ने फ़रामोश मुझे

1 सौ दानों की माला

एक दो जाम से नीयत मिरी भर जाती थी
तिरी आँखों ने बनाया है बला-नोश[1] मुझे

1 पियक्कड़

दे भी सकता हूँ 'नसीर' ईंट का पत्थर से जवाब
वो तो रखा है मिरे ज़र्फ़[1] ने ख़ामोश मुझे

1 सहनशीलता

❄

हक़ीक़त और ही कुछ है मगर हम क्या समझते हैं
जो अपना हो नहीं सकता उसे अपना समझते हैं

ये दर्स-ए-अव्वलीं[1] मुझ को मिला मेरे बुज़ुर्गों[2] से
बहुत छोटे हैं वो औरों को जो छोटा समझते हैं

1 पहला पाठ 2 पूर्वज

बुरे अच्छों को भी अच्छा नहीं गर्दानते[1] लेकिन
जो अच्छे हैं बुरे लोगों को भी अच्छा समझते हैं

1 समझते

न पूछो कुछ कि क्या दे दिया है देने वाले ने
बड़ा हो लाख कोई हम किसी को क्या समझते हैं

क़यामत सर पे जो टूटे मुसीबत दिल पे जो आए
हक़ीक़त में उसे हम मर्ज़ी-ए-मौला[1] समझते हैं

1 ईश्वर की रज़ा

लगा दी तोहमत-ए-बादा-कशी[1] उन पर भी वाइज़[2] ने
'नसीर' उन की नज़र को जो मय-ओ-मीना[3] समझते हैं

1 शराब पीने का आरोप 2 धर्मोपदेशक 3 शराब और सुराही

❁

जिसे तेरी ज़ुल्फ़ों[1] के ख़म[2] याद आए
उसे फिर न दैर-ओ-हरम[3] याद आए

1 केश 2 वक्र 3 मंदिर और मस्जिद

वहीं माह-ओ-अंजुम[1] की ताबानियाँ[2] थीं
जहाँ तेरे नक़्श-ए-क़दम[3] याद आए

1 चाँद और तारा 2 चमक 3 पाँव का निशान

बढ़ी और शाम-ए-अलम[1] की उदासी
जो गेसू[2] तिरे दम-बदम[3] याद आए

1 दु:ख की शाम 2 बालों की लट 3 बार-बार

बहर-हाल[1] उन से रहा इक तअल्लुक़
सितम[2] याद आए करम याद आए

1 हर स्थिति में 2 ज़ुल्म

हो जिस की नज़र में वुजूद[1] एक मंज़िल
उसे कैसे राह-ए-अदम[2] याद आए

1 अस्तित्व 2 परलोक की यात्रा

'नसीर' अपनी रूदाद[1] जब हम ने देखी
घनी ज़ुल्फ़[2] के पेच-ओ-ख़म[3] याद आए

1 विवरण 2केश 3 टेढ़ा-पन

❁

मय-कदे[1] का निज़ाम[2] तुम से है
शीशा तुम से है जाम तुम से है

1 शराब पीने की जगह 2 व्यवस्था

सुब्ह तुम से है शाम तुम से है
हर तरह का निज़ाम तुम से है

सब को सोज़-ओ-गुदाज़[1] तुम ने दिया
इश्क़ का फ़ैज़[2] आम तुम से है

1 जलने और पिघलने का भाव 2 दरियादिली

तुम हो बुनियाद[1] दोनों आलम[2] की
दो जहाँ का क़याम[3] तुम से है

1 नींव 2 संसार 3 ठहराव

हम तुम्हारे हैं तुम हमारे हो
हम को इश्क़-ए-दवाम[1] तुम से है

1 शाश्वत इश्क़

अब किसी को 'नसीर' क्या जाने
अब तो जो कुछ है काम तुम से है

उठे न थे अभी हम हाल-ए-दिल[1] सुनाने को
ज़माने बैठ गया हाशिए[2] चढ़ाने को

1 दिल का हाल 2 फुट नोट

भरी बहार[1] में पहुँची ख़िज़ाँ[2] मिटाने को
क़दम उठाए जो कलियों ने मुस्कुराने को

1 वसंत ऋतु 2 पतझड़

क़दम क़दम पे रुलाया हमें मुक़द्दर[1] ने
हम उन के शहर में आए थे मुस्कुराने को

1 क़िस्मत

न जाने अब वो मुझे क्या जवाब देते हैं
सुना तो दी है उन्हें दास्ताँ सुनाने को

कहो कि हम से रहें दूर हज़रत-ए-वाइज़[1]
बड़े कहीं के ये आए सबक़ पढ़ाने को

1 श्रीमान उपदेशक

'नसीर' जिन से तवक़्क़ो[1] थी साथ देने की
तुले हैं मुझ पे वही उँगलियाँ उठाने को

1 उम्मीद

इक क़यामत बन गई है आश्नाई[1] आप की
ख़ून के आँसू रुलाती है जुदाई आप की
1 दोस्ती

देखते ही देखते उड़ने लगे हज़रत के होश
हम ने जब तस्वीर नासेह[1] को दिखाई आप की
1 उपदेशक का चित्र

सैर करने उन के कूचे में गए थे एक दिन
कुछ ख़बर ऐ हज़रत-ए-दिल फिर न आई आप की

और इस बे-चारगी[1] का हो भी सकता क्या इलाज
रो दिए हम देख कर बे-एतिनाई[2] आप की
1 बेचारगी की अवस्था 2 ध्यान न देना

ज़ोफ़[1] में चलना तो क्या उठना भी था अपना मुहाल
वो तो बस हम को मोहब्बत खींच लाई आप की

फ़ैज़ पाता है 'नसीर' इस संग दर से इक जहाँ
क्यूँ रहे नाकाम आख़िर जब्बा-साई[1] आप की
1 पेशानी रगड़ने वाला

ठान ली मैं ने भी साक़ी[1] यहीं मर जाने की
कितनी दिलकश हैं फ़ज़ाएँ[2] तेरे मय-ख़ाने[3] की

1 शराब पिलाने वाला 2 वातावरण 3 शराब का अड्डा

वाह क्या ख़ूब निशानी है ये मय-ख़ाने की
दिल में तस्वीर खिंची रहती है पैमाने की

चाँद बदली में देखा तो मुझे याद आया
उस में भी एक झलक है तिरे शरमाने की

याद आती हैं किसी की वो नशीली आँखें
देख कर शक्ल छलकते हुए पैमाने की

रिन्द-ए-बद-मस्त[1] की तौबा भी कोई तौबा है
टूट जाएगी छलक देख के पैमाने की

1 मस्त शराबी

आग का रिज़्क़[1] है वो सोख़्ता[2] क़िस्मत भी 'नसीर'
शम्अ तस्वीर है जलते हुए परवाने की

1 भोजन 2 जला हुआ

सुने कौन क़िस्सा-ए-दर्द-ए-दिल[1] मेरा ग़म-गुसार[2] चला गया
जिसे आश्नाओं[3] का पास था वो वफ़ा-शिआर चला गया
1 दिल के दर्द की कहानी 2 दुख-दर्द का बाँटने वाला 3 परिचितों

वही बज़्म[1] है वही धूम है वही आशिक़ों[2] का हुजूम[3] है
है कमी तो बस मेरे चाँद की जो तह-ए-मज़ार[4] चला गया
1 सभा 2 प्रेमियों 3 जमघट 4 मज़ार के नीचे

वो सुख़न-शनास[1] वो दूर-बीं[2] वो गदा-नवाज़[3] वो मह-जबीं[4]
वो हसीं वो बहर-ए-उलूम-ए-दीं[5] मेरा ताज-दार चला गया
1 बातों का पारखी 2 सूक्ष्मदर्शी 3 फ़क़ीरों की सहायता करने वाला 4 चाँद जैसा चेहरा वाला 5 धार्मिक ज्ञान का समुंदर

कहाँ अब सुख़न[1] में वो गर्मियाँ कि नहीं रहा कोई क़द्र-दाँ[2]
कहाँ अब वो शौक़ में मस्तियाँ कि वो पुर-वक़ार[3] चला गया
1 शाइरी 2 पहचानने वाला 3 गरिमा

जिसे मैं सुनाता था दर्द-ए-दिल[1] वो जो पूछता था ग़म-ए-दरूँ[2]
वो गदा-नवाज़ बिछड़ गया वो अता-शिआर[3] चला गया
1 दिल का दर्द 2 भीतर का दुःख 3 उपकार करने वाला

बहे क्यूँ 'नसीर' न अश्क-ए-ग़म[1] रहे क्यूँ न लब[2] पर मेरे फ़ुग़ाँ[3]
हमें बे-क़रार वो छोड़कर सर-ए-राह-गुज़ार[4] चला गया
1 ग़म के आँसू 2 होंट 3 फ़रियाद 4 बीच रास्ते में

❁

निकल गए हैं ख़िरद[1] की हदों से दीवाने
अब अहल-ए-होश[2] से कह दो न आएँ समझाने

1 बुद्धि 2 अक़्ल वाले

बिसात-ए-बज़्म[1] उलट कर कहाँ गया साक़ी[2]
फ़ज़ा[3] ख़मोश सुबू[4] चुप उदास पैमाने

1 सभा की चटाई 2 शराब पिलाने वाला 3 वातावरण 4 शराब रखने का बर्तन

तमाम शहर में इक दर्द-आश्ना[1] न मिला
बसाए इसलिए अहल-ए-जुनूँ[2] ने वीराने

1 दुःख-दर्द से परिचित 2 जुनूनी लोग

बदल गए हैं तक़ाज़े[1] मिज़ाज वक़्त के साथ
न वो शराब न साक़ी[2] न अब वो मय-ख़ाने[3]

1 मांग 2 शराब पिलाने वाला 3 शराब का अड्डा

कोई निशात[1] का सामाँ कोई तरब[2] की सबील[3]
लगी है फिर सर-ए-मय-ख़ाना[4] बदलियाँ छाने

1 ख़ुशी 2 ख़ुशी 3 रास्ता 4 शराब-ख़ाना के ऊपर

'नसीर' अश्क[1] तो पलकों पे सब ने देख लिए
गुज़र रही है जो दिल पर वो कोई क्या जाने

1 आँसू

मिरी ज़िंदगी तो फ़िराक़[1] है वो अज़ल[2] से दिल में मकीं[3] सही
वो निगाह-ए-शौक़[4] से दूर हैं रग-ए-जाँ[5] से लाख क़रीं[6] सही

1 बिछड़ना 2 हमेशा 3 मकन में रहने वाला 4 शौक़ की दृष्टि 5 सबसे बड़ी खून की नस जो दिल में जाती है 6 पास

सर-ए-तूर[1] हो सर-ए-हश्र[2] हो हमें इंतिज़ार क़ुबूल है
वो कभी मिलें वो कहीं मिलें वो कभी सही वो कहीं सही

1 तूर पहाड़ पर 2 क़यामत में

न हो उन पे जो मिरा बस नहीं कि ये आशिक़ी है हवस नहीं
मैं उन्हीं का था मैं उन्हीं का हूँ वो मिरे नहीं तो नहीं सही

मिरी ज़िंदगी का नक़ीब[1] है नहीं दूर मुझ से क़रीब है
मुझे उस का ग़म तो नसीब है वो अगर नहीं तो नहीं सही

1 आश्रय दाता

जो हो फ़ैसला वो सुनाइए उसे हश्र[1] पर न उठाइए
जो करेंगे आप सितम[2] वहाँ वो अभी सही वो यहीं सही

1 क़यामत 2 अत्याचार

उसे देखने की जो लौ लगी तो 'नसीर' देख ही लेंगे हम
वो हज़ार आँख से दूर हो वो हज़ार पर्दा-नशीं[1] सही

1 छुपे हुए

कभी उन का नाम लेना कभी उन की बात करना
मिरा ज़ौक़ उन की चाहत मिरा शौक़ उन पे मरना

वो किसी की झील आँखें वो मिरी जुनूँ-मिज़ाजी[1]
कभी डूबना उभर कर कभी डूब कर उभरना
1 दीवानों जैसा मिज़ाज

तिरे मनचलों का जग में ये अजब चलन रहा है
न किसी की बात सुनना, न किसी से बात करना

कहाँ मेरे दिल की हसरत कहाँ मेरी ना-रसाई[1]
कहाँ तेरे गेसुओं[2] का, तिरे दोश[3] पर बिखरना
1 पहुंच न होना 2 केश 3 काँधों

चले लाख चाल दुनिया हो ज़माना लाख दुश्मन
जो तिरी पनाह में हो उसे क्या किसी से डरना

वो करेंगे ना-ख़ुदाई[1] तो लगेगी पार कश्ती
है 'नसीर' वर्ना मुश्किल, तिरा पार यूँ उतरना
1 मल्लाही

❁

जो कफ़न बाँध के सर से गुज़रे
वो तिरी राह-गुज़र[1] से गुज़रे
1 मार्ग

दिल से गुज़रे कि जिगर से गुज़रे
हम को क्या कोई जिधर से गुज़रे

उन में शामिल था मिरे दिल का लहू
अश्क[1] जो दीदा-ए-तर[2] से गुज़रे
1 आँसू 2 रोती हुई आँखें

और कोई न जचा आँखों में
आप ही आप नज़र से गुज़रे

दीदा-ओ-दिल[1] पे क़यामत गुज़री
बन-सँवर कर वो जिधर से गुज़रे
1 आँखें और दिल

रोक अश्कों[1] का ये सैलाब 'नसीर'
इस से पहले कि ये सर से गुज़रे
1 आँसुओं

किसी को हिज्र[1] तड़पाए तुम्हें क्या
जिए कोई कि मर जाए तुम्हें क्या
1 जुदाई

क़यामत भी अगर आए तुम्हें क्या
कोई सूली पे चढ़ जाए तुम्हें क्या

तुम्हारी जल्वा-सामानी[1] सलामत
ज़माने पर ग़ज़ब आए तुम्हें क्या
1 प्रदर्शन

मोहब्बत को न तुम समझो न जानो
मोहब्बत हम को तड़पाए तुम्हें क्या

तुम्हारा मश्ग़ला[1] मश्क़-ए-तग़ाफ़ुल[2]
किसी के दम पे बन जाए तुम्हें क्या
1 पेशा 2 अनदेखा करने की आदत

'नसीर' आह-ओ-फ़ुग़ाँ[1] से बाज़ आओ
समझते होंगे हम-साए[2] तुम्हें क्या
1 रोना-धोना 2 पड़ोसी

ज़ुल्म हम पर हर-आन होते हैं
रात-दिन इम्तिहान होते हैं

आप से क्या कोई तवक़्क़ो[1] हो
आप कब मेहरबान होते हैं

1 आशा

कोई उन को मिटा नहीं सकता
ग़म के ऐसे निशान होते हैं

ज़ुल्म सहते हैं कुछ नहीं कहते
अहल-ए-दिल[1] बे-ज़बान होते हैं

1 दिल वाले

बर्क़[1] तिनके वही जलाती है
जो नशेमन[2] की जान होते हैं

1 बिजली 2 आशियाना

इतना आसाँ नहीं है इश्क़ 'नसीर'
इस में सौ इम्तिहान होते हैं

❀

जब अचानक मुझे याद आप की आ जाती है
दिल की दुनिया में अजब हश्र[1] उठा जाती है

1 क़यामत

जब वो ख़ुशबू-ए-बदन[1] लाती है बाद-ए-सहरी[2]
मेरी उम्मीद के ग़ुंचों[3] को खुला जाती है

1 शरीर की ख़ुशबू 2 सुब्ह की हवा 3 कली

थरथरा उठते हैं सुन सुन के शब-ए-ग़म[1] तारे
आसमाँ तक मिरे नालों की सदा जाती है

1 दुख भरी रात

लम्हा भर को जो ज़रा चैन से सो जाता हूँ
आप की याद मुझे आ के सता जाती है

फ़स्ल-ए-गुल[1] होती है दो रोज़ की मेहमान मगर
आके गुलशन[2] में नई धूम मचा जाती है

1 फूलों का मौसम 2 बाग़

अब नहीं कोई ज़रूरत किसी क़ासिद[1] की 'नसीर'
ले के पैग़ाम मिरा आह-ए-रसा[2] जाती है

1 संदेशवाहक 2 अभीष्ट उद्देश्य को प्राप्त करने वाली आह

❁

हमारा और कोई ग़म-गुसार[1] भी तो नहीं
तिरी क़सम का मगर एतिबार भी तो नहीं
1 दुख-दर्द का बाँटने वाला

जफ़ा-पसंद[1] नहीं ना-गवार[2] भी तो नहीं
सितम[3] तो ये है कि तू शर्मसार भी तो नहीं
1 ज़ुल्म चाहने वाला 2 जो पसंद न हो 3 ज़ुल्म

तिरी निगाह को आख़िर कहाँ तलाश करूँ
रुकी न दिल में मगर आर-पार भी तो नहीं

किसी ग़रीब पे आँसू बहाए कौन यहाँ
ये बे-कसी है कि शम-ए-मज़ार[1] भी तो नहीं
1 क़ब्र पर जलने वाला चराग़

हज़ार बार पुकारा उसे मोहब्बत में
जवाब उस ने दिया एक बार भी तो नहीं

कहाँ पे जा के करें कुंज-ए-आफ़ियत[1] की तलाश
'नसीर' जा-ए-सुकूँ[2] कू-ए-यार[3] भी तो नहीं
1 चैन की जगह 2 सुकून की जगह 3 प्रेमी की गली

❁

बात देखी है फ़क़त[1] आप के दीवानों में
कूद पड़ते हैं मचलते हुए तूफ़ानों में

1 केवल

सामने आके जो वो शर्म से रू-पोश[1] हुए
एक हलचल सी मचा दी मिरे अरमानों में

1 ओझल

अल्लाह अल्लाह ये तिरे हुस्न-ए-फुसूँ-गर[1] की कशिश
बुत भी सज्दे को हैं बेताब सनम-ख़ानों[2] में

1 जादू करने वाला हुस्न 2 बुत-ख़ाना

हँस के छेड़े न कोई आप के दीवानों को
ये क़यामत लिए बैठे हैं गरेबानों में

मय-ए-गुल-रंग[1] का इक जाम हमें भी हो अता[2]
हम भी हैं साक़ी-ए-दौराँ[3] तिरे मस्तानों में

1 फूलों के रंग वाली शराब 2 दान 3 जाम पिलाने वाला साक़ी

मब्दा-ए-फ़ैज़[1] ने बख़्शी वो मुझे तब-ए-रसा[2]
नाम अपना भी 'नसीर' अब है सुख़न-दानों[3] में

1 कृपा करने वाला 2 मन की तेज़ी 3 शोरा

महफ़िल से उन की सैंकड़ों पी कर निकल गए
मुझ से मिली जो आँख तो तेवर बदल गए

वो ऐसी क़ातिलाना अदाओं में ढल गए
ज़ख़्मी किया जो दिल तो कलेजा मसल गए

दिल हम से ले के उन की निगाहें बदल गईं
धोका दिया फ़रेब किया चाल चल गए

थकने लगे जो पाँव तो यूँ राह तय हुई
इस अंजुमन[1] में अहल-ए-वफ़ा[2] सर के बल गए

1 सभा 2 प्रेम करने वाले

इस आस्तान-ए-नाज़[1] का जब तज़्किरा[2] हुआ
मेरी जबीन-ए-शौक़[3] में सज्दे मचल गए

1 गौरवशाली चौखट 2 चर्चा 3 शौक़ का माथा

उन का जमाल देख के देखा जो ऐ 'नसीर'
क़ल्ब-ओ-निगाह[1] हुस्न के साँचे में ढल गए

1 दिल और नज़र

यूँ वो महफ़िल में ब-सद[1] शान बने बैठे हैं
मेरा दिल और मिरी जान बने बैठे हैं
1 सैकड़ों

उन की सूरत निखर आई पस ज़ीनत[1] क्या किया
दीदा-ए-ख़ल्क़[2] का अरमान बने बैठे हैं
1 सजावट 2 लोगों की आँख

जिन को आदाब तक आते नहीं दरबानी आज
आज इस दर पे वो दरबान बने बैठे हैं

महफ़िल-ए-नाज़[1] में बुलवा भी लिया है मुझ को
और फिर मुझ से वो अंजान बने बैठे हैं
1 माशूक़ के नाज़ करने की जगह

देखते ही नहीं क़स्दन[1] वो हमारी जानिब
जान कर हम से वो अंजान बने बैठे हैं
1 सोच-समझकर

ऐ 'नसीर' उन को सर-ए-बज़्म[1] ज़रा देखो तो
इक तमाशा का वो उन्वान[2] बने बैठे हैं
1 भरी सभा में 2 सुर्ख़ी

अगर फुर्क़त[1] के सदमे कम न होंगे
किसी दिन देख लेना हम न होंगे

1 जुदाई

जो डर जाये अजल[1] का नाम सुनकर
वो कोई और होंगे हम न होंगे

1 मौत

तेरा क़ामत[1] उठाएगा जो फ़ित्ने
क़यामत से वो फ़ित्ने कम न होंगे

1 क़द

चराग़ाँ होगा सहन-ए-गुलसिताँ[1] में
बहारें होंगी लेकिन हम न होंगे

1 बाग़ के बीच खुला भाग

जो हैं वाबस्ता-ए-दरगाह-ए-जीलाँ[1]
'नसीर' उन के कहीं सर ख़म[2] न होंगे

1 बग़दाद की दरगाह से वाबस्ता 2 झुके

उन के जल्वों ने अजब रंग जमा रक्खा है
बज़्म-ए-कौनैन[1] को दीवाना बना रक्खा है

1 दोनों जगत

नब्ज़ साकित[1] हुई दम खिच के लबों पर आया
अब जो आओ भी तो बीमार में क्या रक्खा है

1 रुकी हुई

शायद आ पहुचें दम-ए-नज़ा[1] बाली[2] पे मेरी
मलक-उल-मौत[3] को बातों में लगा रक्खा है

1 मौत की घड़ी 2 सिरहाने 3 मौत का फ़रिश्ता

तेरे अंदाज़-ए-नज़र देखने आ जाता हूँ
वर्ना मेरे लिए मय-ख़ाने में क्या रक्खा है

आईना हुस्न में तहलील[1] न हो जाये कहीं
तेरी तस्वीर को सीने से लगा रक्खा है

1 अवशोषित

क्या 'नसीर' आँख उठे साग़र-ओ-मीना[1] की तरफ़
उनकी आँखों ने मुझे मस्त बना रक्खा है

1 शराब पीने का प्याला

ग़ज़ल

तुझ सा न था कोई न कोई है हसीं कहीं
तू बे-मिसाल[1] है तिरा सानी[2] नहीं कहीं

1 लाजवाब 2 समकक्ष

ज़ाहिद[1] के सामने जो हो वो नाज़नीं[2] कहीं
दिल हो कहीं हुज़ूर का दुनिया-ओ-दीं[3] कहीं

1 परहेज़गार 2 सुन्दरी 3 संसार और धर्म

दिल का लगाओ दिल की लगी दिल लगी नहीं
ऐसा न हो कि दिल ही लुटा दें हमें कहीं

नज़रों की और बात है दिल की है और बात
बातें जो मेरे दिल में हैं अब तक नहीं कहीं

दिल ने बहुत कहा कि तुम्हें मेहरबाँ कहूँ
इस डर से चुप रहा कि न कह दो नहीं-कहीं

आते ही हम तो कूचा-ए-जानाँ[1] में लुट गए
दिल खो गया 'नसीर' हमारा यहीं कहीं

1 प्रेमिका की गली

आज मय-ख़ाने[1] में नीयत मेरी भर जाने दे
बादा-ए-नाब[2] के साक़ी[3] मुझे पैमाने दे

1 शराब का अड्डा 2 शुद्ध शराब 3 शराब पिलाने वाला

किस को मालूम कि कल कौन रहेगा ज़िंदा
आज रिंदों[1] को ज़रा पी के बहक जाने दे

1 शराबी

देख ऐ दिल न आँच आए वफ़ा पर कोई
जो भी आती है मुसीबत मेरे सर आने दे

ऐ मिरे दस्त-ए-जुनूँ[1] बढ़ के उलट दे पर्दा
हुस्न शरमाने पे माइल है तो शरमाने दे

1 दीवानगी का हाथ

इक दो जाम से क्या पियास बुझेगी साक़ी[1]
मय पिलाता है तो ऐसे कई पैमाने दे

1 शराब पिलाने वाला

इश्क़ है इश्क़ 'नसीर' उन से शिकायत कैसी
वो जो तड़पाने पे आमादा हैं तड़पाने दे

❁

या रब सुनाईं हम किसे अब मुद्दुआ-ए-दिल[1]
हैं नहीं जहाँ में हाजत-रवा-ए-दिल[2]

1 दिल का मुद्दआ 2 दिल की मुराद पूरी करने वाला

क्या कहिए बहर-ए-शौक़[1] अब माजरा-ए-दिल[2]
दिल है सफ़ीना[3] और वो हैं ना-ख़ुदा-ए-दिल[4]

1 शौक़ का समुंदर 2 दिल की कहानी 3 कश्ती 4 दिल का खेवनहार

आईना-ए-हयात[1] की तकमील[2] के लिए
लाज़िम है काइनात में सिद्क़-ओ-सफ़ा-ए-दिल[3]

1 जीवन का आईना 2 पूर्ति 3 दिल की सच्चाई और सफ़ाई

दिल और दर्द दोनों में इक रब्त-ए-ख़ास[1] है
दिल आश्ना-ए-दर्द[2] है दर्द आश्ना-ए-दिल[3]

1 विशेष संबंध 2 दर्द से परिचित 3 दिल से परिचित

हर टीस जिस की तेरी तरफ़ मुल्तफ़ित[1] करे
या रब वो दर्द चाहिए मुझ को बरा-ए-दिल[2]

1 आकर्षित 2 दिल के लिए

सदहा[1] उठाईं दिल की बदौलत सऊबतें[2]
देखो 'नसीर' और अभी क्या क्या दिखाए दिल

1 सैकड़ों 2 मुश्किलें

महफ़िल का ये अंदाज़ कहाँ वो हैं कहाँ मैं
दुनिया को ख़बर होगी जो खोलूँगा ज़बाँ मैं

चाहो तो हम-आहंग[1] करूँ दिल से ज़बाँ मैं
कुछ अर्ज़ करूँ जान की पाऊँ जो अमाँ मैं
1 सुसंगत

भूले से भी अंगड़ाई अब आती नहीं मुझ को
ऐ चश्म-ए-ज़माना[1] कभी होता था जवाँ मैं
1 दुनिया की आँख

सुनता हूँ बड़ी देर से साक़ी[1] की बुराई
अब खींचूँगा वाइज़[2] तिरी गद्दी से ज़बाँ मैं
1 शराब पिलाने वाला

साए की तरह साथ नज़र आऊँगा सरकार
जाना है कहाँ मुझ को जहाँ आप वहाँ मैं

अब ख़ुद ही 'नसीर' उठ के चला जाऊँ तो अच्छा
इस अंजुमन-ए-नाज़[1] में हूँ बार-ए-गराँ[2] मैं
1 छबीलों की सभा 2 भारी बोझ

ये मुक़द्दर[1] का लिखा है अब ये कट सकता नहीं
राह से उन की हमारा पाँव हट सकता नहीं

1 क़िस्मत

देख कर रंग-ए-चमन आँसू बहाने चाहिए
क्या हमारा ख़ून-ए-दिल[1] फूलों में बंट सकता नहीं

1 दिल का ख़ून

कैसी कैसी महफ़िलें थीं कैसे-कैसे लोग थे
वो सुनहरा दौर माज़ी क्या पलट सकता नहीं

दम-क़दम[1] के साथ रहती है ज़माने की हवा
उन के क़दमों से कोई ज़र्रा लिपट सकता नहीं

1 ज़िंदगी

दिल के ज़र्रे मुंतशिर[1] होकर मिले हैं ख़ाक[2] में
जो बिखर जाए वो शीराज़ा[3] सिमट सकता नहीं

1 तितर-बितर 2 मिट्टी 3 व्यवस्था

हासिदान-ए-तीरा-बातिन[1] से कोई कह दे 'नसीर'
इल्म[2] का रुत्बा[3] बढ़ा करता है घट सकता नहीं

1 बुरे स्वभाव से इर्ष्या रखने वाले 2 ज्ञान 3 पद

जो वो तो न रहा तो वो बात गई जो वो बात गई तो मज़ा न रहा
वो उमंग कहाँ वो तरंग कहाँ वो मिज़ाज-ए-वफ़ा-ओ-जफ़ा[1] न रहा

1 ज़ुल्म और मोहब्बत का मिज़ाज

शब-ओ-रोज़[1] कहीं भी अलग न हुआ शब-ओ-रोज़ कहाँ वो मिला न रहा
रग-ए-जाँ[2] से हमारी क़रीब रहा रग-ए-जाँ से हमारी जुदा न रहा

1 रात और दिन 2 सबसे बड़ी ख़ून की नस जो दिल में जाती है

थी ख़िज़ाँ[1] के लिबास में किस की नज़र कि झुलसती गई है तमाम शजर[2]
किसी शाख़[3] पे ताज़ा कली न रही, कोई पता चमन में हरा न रहा

1 पतझड़ 2 पेड़ 3 टहनी

तेरे ज़ुल्म-ओ-सितम[1] हुए मुझ पे जो कम तो ये हाल मिरा है क़दम ब-क़दम
वो तड़प न रही, वो जलन न रही, ग़म-ओ-दर्द में अब वो मज़ा न रहा

1 अत्यधिक अत्याचार

बहे अश्क[1] वफ़ूर-ए-मलाल[2] में जब, खुले राज़ तमाम, हुआ ये ग़ज़ब
कोई बात किसी से छुपी न रही, कोई हाल किसी से छुपा न रहा

1 आँसू 2 खु:द

जो 'नसीर' हम उन के क़रीब हुए, तो हयात के रंग अजीब हुए
ग़म हिज्र में और ही कुछ थी ख़लिश[1] वो ख़लिश न रही वो मज़ा न रहा

1 चुभन

बिसात-ए-बज़्म[1] उलट कर कहाँ गया साक़ी[2]
फ़ज़ा[3] ख़मोश, सुबू[4] चुप, उदास पैमाने

1 सभा की चटाई 2 शराब पिलाने वाला 3 वातावरण 4 सुराही

न अब वो जल्वा-ए-यूसुफ़[1] न मिस्र का बाज़ार
न अब वो हुस्न के तेवर, न अब वो दीवाने

1 हज़रत यूसुफ़ का जल्वा

न हर्फ़-ए-हक़[1] न वो मंसूर की ज़बाँ, न वो दार[2]
न कर्बला[3] न वो कटते सरों के नज़राने[4]

1 सच्ची बात 2 फांसी का फन्दा 3 जहाँ हजरत इमाम हुसैन शहीद हुए थे 4 उपहार

न बायज़ीद, न शिबली, न अब जुनैद कोई
न अब ओ सोज़[1] न आहें, न हाव-हू ख़ाने[2]

1 जलन,दुख 2 शोक स्थल

ख़याल-ओ-ख़्वाब[1] की सूरत बिखर गया माज़ी
न सिलसिले न वो क़िस्से न अब वो अफ़्साने

1 कल्पना और स्वप्न

बदल गए हैं तक़ाज़े[1] मिज़ाज-ए-वक़्त[2] के साथ
न वो शराब, न साक़ी[3] न अब वो मय-ख़ाने[4]

1 माँग 2 समय का मिज़ाज 3 शराब पिलाने वाला 4 शराब का अड्डा

❁

काश हासिल मुझे ये रंग-ए-तमाशा[1] होता
रोज़-ओ-शब[2] सामने तेरा रुख़-ए-ज़ेबा[3] होता
1 तमाशे का रंग 2 दिन और रात 3 सुंदर चेहरा

रौनक़ें आतीं ख़ुशी होती निकलते अरमाँ
तुम क़दम रखते मिरे घर में तो क्या क्या होता

फिर मुझे इश्क़ में माज़ूर[1] समझता नासेह[2]
मेरी आँखों से जो उस ने तुझे देखा होता
1 मजबूर 2 उपदेशक

मेहमाँ है कोई दम का ये तुम्हारा बीमार
तुम भी आ जाते जो बालीं पे तो अच्छा होता

यूँ न ठुकराओ अगर दे ही दिया दिल तुम को
दिल तुम्हारा जो न होता तो ये किस का होता

हर घड़ी उस की मइय्यत[1] का तसव्वुर है 'नसीर'
ये भी होता न मिरे साथ तो तन्हा होता
1 हमराही

वो क्या कह गए मुझ को क्या कहते-कहते
भला कह गए वो बुरा कहते कहते

जहाँ ये न हो आँख भर आए क़ासिद[1]
मिरी दास्तान-ए-वफ़ा[2] कहते-कहते
1 संदेशवाहक 2 वफ़ादारी की कहानी

वो सुनते मगर ऐ हुजूम-ए-तमन्ना[1]
हमीं खो गए मुद्दआ[2] कहते-कहते
1 इच्छा का हुजूम 2 उद्देश्य

पिलाएगा साक़ी[1] तू पीनी पड़ेगी
किसी दिन रवा ना-रवा[2] कहते-कहते
1 शराब पिलाने वाला 2 नामुनासिब

निगाहें झुकीं लब[1] हिले मुस्कुराए
वो चुप हो गए जाने क्या कहते-कहते
1 होंट

'नसीर' ऐसे अशआर उन को सुनाओ
वो शरमाएँ भी मर्हबा कहते-कहते

❁

वो दिन भी है आने वाला
तड़पेगा तड़पाने वाला

फिर है किसी पर आने वाला
दिल है क़यामत ढाने वाला

देख रहा है ग़ौर से उन को
आने वाला जाने वाला

आँखों से दिल में दर आया
वो कम-गो[1] शरमाने वाला

1 कम बोलने वाला

भूल के आया फिर न उधर को
बात बना कर जाने वाला

काश 'नसीर' कोई मिल जाता
राह पे उस को लाने वाला

हम किसी का गिला नहीं करते
न मिलें जो मिला नहीं करते

चंद कलियाँ शगुफ़्ता-क़िस्मत[1] हैं
सारे ग़ुंचे खिला नहीं करते

1 ख़ुश-क़िस्मत

आप मोहतात हों ज़माने में
हर किसी से मिला नहीं करते

नाज़ है उन को बे-वफ़ाई[1] पर
ख़त्म ये सिलसिला नहीं करते

1 दग़ाबाज़ी

रिसते रहते हैं भीगी रातों में
ज़ख़्म दिल के सिला नहीं करते

उन से बस इक 'नसीर' शिकवा है
हम से वो क्यूँ मिला नहीं करते

❃

किस तसव्वुर में वो खो जाते हैं उठते बैठते
अपने जी में आप शरमाते हैं उठते बैठते

पास रह कर जो सितम[1] ढाते हैं उठते बैठते
जब चले जाएँ तो याद आते हैं उठते बैठते

1 ज़ुल्म

यूँ हम अपने दिल को बहलाते हैं उठते बैठते
कू-ए-जानाँ[1] तक पहुँच जाते हैं उठते बैठते

1 प्रेमिका की गली

है ग़नीमत[1] चंद लम्हों के लिए मिल बैठना
दोस्त दुनिया में बिछड़ जाते हैं उठते बैठते

1 संतोषजनक

मेरे दिल की उलझनों का भी कभी कोई ख़याल
ज़ुल्फ़ तो वो अपनी सुलझाते हैं उठते बैठते

आईना है और वो हैं और मेरा दिल 'नसीर'
उन की बन आई है तड़पाते हैं उठते बैठते

किसी काफ़िर को न दीं-दार[1] को अपना करना
एक लम्हे के लिए यार को अपना करना
1 परहेज़-गार

इश्क़ में क़ुर्ब का अरमान भी क्या अरमाँ है
साए को छोड़ना दीवार को अपना करना

अपने हो कर भी ये अपने नहीं बनते अपने
हो सके तो दिल-ए-अग़्यार[1] को अपना करना
1 दूसरों के दिल

पाक-बाज़ों[1] का बहा ले गया ज़ोम-ए-तक़्वा[2]
ये तेरा मुझ से गुनहगार का अपना करना
1 पवित्र लोग 2 ईश्वर भक्ति का घमंड

ग़म-ए-फ़ुर्क़त[1] में तड़पना है मुक़द्दर[2] अपना
अपनी क़िस्मत में कहाँ यार को अपना करना
1 जुदाई का दु:ख 2 भाग्य

रोज़-मर्रा[1] का ये है खेल 'नसीर' उन के लिए
एक दो बातों में दो चार को अपना करना
1 रोज़ाना

हर तरफ़ से झाँकता है रू-ए-जानाना[1] मुझे
महफ़िल-ए-हस्ती[2] है गोया आईना-ख़ाना[3] मुझे
1 महबूब की सूरत 2 दुनिया की अंजुमन 3 शीशमहल

इक क़यामत ढाएगा दुनिया से उठ जाना मिरा
याद कर के रोएँगे[1] यारान-ए-मय-ख़ाना[2] मुझे
1 बेकार 2 मधुशाला के लोगों का समूह

दिल मिलाते भी नहीं दामन छुड़ाते भी नहीं
तुम ने आख़िर क्यूँ बना रखा है दीवाना मुझे

या कमाल-ए-क़ुर्ब[1] हो या इंतिहा-ए-बोद[2] हो
या निभाना साथ या फिर भूल ही जाना मुझे
1 अत्यधिक नज़दीकी 2 अत्यधिक दूरी

तू ही बतला उस तअल्लुक़[1] को भला क्या नाम दूँ
सारी दुनिया कह रही है तेरा दीवाना मुझे
1 सम्बन्ध

जिस के सन्नाटे हों मेरी ख़ामुशी से हम-कलाम[1]
काश मिल जाए 'नसीर' इक ऐसा वीराना मुझे
1 आपस में बात करना

जब उन से मिरी पहली मुलाक़ात हुई थी
उस दिन ही क़यामत की शुरूआत हुई थी

इतना है मुझे याद कभी बात हुई थी
रस्मन ही सही उन से मुलाक़ात हुई थी

कुछ याद नहीं बाज़ी-ए-उल्फ़त[1] का नतीजा
तुम जीत गए थे कि हमें मात हुई थी

1 मोहब्बत के खेल

मैं हूँ वो रह-ए-इश्क़[1] में मज़लूम मुसाफ़िर[2]
मंज़िल के क़रीब आ के जिसे रात हुई थी

1 प्रेम मार्ग 2 यात्री

हाँ याद है मुझ को तिरे गेसू[1] का बिखरना
बरसा था ये बादल कभी बरसात हुई थी

1 सर के बाल

बैठे थे सर-ए-बज़्म[1] 'नसीर' उन के क़रीं[2] हम
कल रात की ये बात है कल रात हुई थी

1 भरी सभा में,सबके सामने 2 नज़दीक

ये नज़र की ज़द[1] है ज़ालिम मिरा दम निकल न जाए
मुझे सिर्फ़ उस का डर है कि ये तीर चल न जाए

1 क़ैद

वो उठी है आतिश-ए-ग़म[1] की नफ़स-नफ़स[2] है सोज़ाँ[3]
मिरी रूह तप न उट्ठे मिरा जिस्म जल न जाए

1 दु:ख और पीड़ा की ज्वाला 2 साँस-साँस 3 जलता हुआ

मिरे राज़-दाँ[1] से हँस कर वो ख़िताब[2] कर रहे हैं
कहीं थपकियों में आकर कोई राज़ उगल न जाए

1 विश्वास पात्र 2 बात-चीत

तिरी बज़्म में जो हम हैं तो यहाँ पे ग़ैर क्यूँ हो
ये ख़लिश[1] निकल न जाए ये अज़ाब[2] टल न जाए

1 चुभन 2 तकलीफ़

वो उठा रहे हैं चिलमन[1] वो दिखा रहे हैं सूरत
कहीं होश उड़ न जाएँ कहीं दिल मचल न जाए

1 पर्दा

वो 'नसीर' सुन रहे हैं मिरे दर्द का फ़साना
मुझे हर घड़ी है धड़का कहीं रुख़ बदल न जाए

लोग नालाँ[1] हैं जफ़ा[2] से तेरी
हश्र[3] बरपा है अदा से तेरी

1 विलाप करने वाले 2 ज़ुल्म 3 क़यामत का दिन

छेड़ है ज़ुल्फ़-ए-रसा[1] से तेरी
बात बिगड़ी है सबा[2] से तेरी

1 लंबे बाल 2 पूर्वी हवा

बात बनती है करम से तेरे
काम चलता है अता[1] से तेरी

1 बख़्शिश

हम ने लुटते हुए घर देखे हैं
एक सादा सी अदा से तेरी

हौसला है अभी ग़म सहने का
अभी ज़िंदा हैं दुआ से तेरी

धूम है शोला-नवाई[1] की 'नसीर'
लोग जलते हों बला से तेरी

1 जोशीले अंदाज़ में बात करना

बे-रुख़ी[1] उन की हर अदा में है
दिल ख़ुदा जाने किस हवा में है

1 उदासीनता

इक झलक उस की इब्तिदा[1] में है
आज़माइश जो इंतिहा में है

1 शुरुआत

ख़ैर! या रब मिरे नशेमन की
बर्क़-ए-बेताब[1] फिर घटा में है

1 व्याकुल आकाशीय बिजली

ज़ुल्फ़[1] की चीरा-दसतियाँ[2] तो
आदमी पंजा-ए-बला[3] में है

1 सर के बाल 2 अत्याचार 3 मुसीबत की पकड़

वो ग़ुरूर-ए-जमाल[1] में गुम हैं
मुद्दई[2] अर्ज़-ए-मुद्दआ[3] में है

1 सुंदरता का घमंड 2 फ़रियादी 3 इच्छा की अभिव्यक्ति

और कुछ हो 'नसीर' में कि न हो
सैर-चश्मी[1] तिरे गदा में है

1 मन का संतुष्ट होना

अजीब मंज़र बाला-ए-बाम[1] होता है
जब आश्कार[2] वो माह-ए-तमाम[3] होता है
1 छत पर 2 ज़ाहिर 3 पूरा चाँद

जब अपने घर पे बुलाता हूँ मैं कभी उन को
उन्हें ज़रूर कोई ख़ास काम होता है

जवाब दे नहीं सकती ज़बान-ए-शौक़[1] मिरी
कुछ इस अदा से कोई हम-कलाम[2] होता है
1 शौक़ की ज़बान 2 किसी से बात करना

रह-ए-जुनूँ[1] में लिपटते हैं पाँव से काँटे
ब-हर[2]-क़दम ये मिरा एहतिराम[3] होता है
1 दीवानगी का रास्ता 2 हर , पग-पग 3 सम्मान

नज़र-नज़र पे सर-ए-बज़्म[1] है नज़र उन की
नज़र-नज़र में सलाम-ओ-पयाम[2] होता है
1 भरी सभा में 2 सलाम और संदेशा

'नसीर' अहल-ए-वफ़ा[1] के बड़े मरातिब[2] हैं
बहुत बुलंद वफ़ा का मक़ाम होता है
1 मोहब्बत करने वाले 2 दर्जे

बसे हैं आप मिरे दिल में उम्र-भर के लिए
सदफ़[1] बना था ये शायद उसी गुहर[2] के लिए
1 सीपी 2 मोती

बला ख़रीदी है मैं ने ये उम्र-भर के लिए
तुम्हारी ज़ुल्फ़[1] का सौदा है मेरे सर के लिए
1 सर के बाल

जो बे-ग़रज़[1] न हो जिस में न हो ख़ुलूस[2] कोई
सलाम ऐसे तअल्लुक़[3] को उम्र-भर के लिए
1 बे-परवा 2 निष्ठा 3 सम्बन्ध

शब-ए-फ़िराक़[1] की लज़्ज़त कहाँ नसीब उन्हें
दुआएँ माँगते रहते हैं जो सहर के लिए
1 जुदाई की रात

हुआ यही कि रुके बज़्म-ए-ग़ैर[1] में जाकर
इरादा करके चले थे वो मेरे घर के लिए
1 अजनबी स्थान

अदम[1] को ले के चला हूँ 'नसीर' दाग़-ए-फ़िराक़[2]
ये ज़ाद-ए-राह[3] बहुत है मुझे सफ़र के लिए
1 अनस्तित्व 2 जुदाई का ग़म 3 रास्ते का ख़र्च

इश्क़ ने जकड़ा है मुझ को इस कड़ी ज़ंजीर से
जिस के हल्क़े[1] खुल नहीं सकते किसी तदबीर[2] से

1 कड़ी 2 उपाय

और ही कुछ हो शब-ए-फ़ुर्क़त[1] के कटने की सबील[2]
दिल तसव्वुर से बहलता है न अब तस्वीर से

1 जुदाई की रात 2 उपाय

ज़िंदगी-भर इक सुहाना ख़्वाब हम देखा किए
तेरी सूरत मिल गई उस ख़्वाब की ताबीर[1] से

1 स्वप्न की व्याख्या

उस निगाह-ए-नाज़[1] पर सदक़े दिल-ओ-जाँ हो गए
आप ने देखा निशाने दो अड़े इक तीर से

1 प्रेम भरी दृष्टि

अब तो बस दो हिचकियों की बात बाक़ी रह गई
आप ने पूछा मुझे लेकिन बड़ी ताख़ीर[1] से

1 देर

ग़म की तन्हाई के सन्नाटे में तन्हा था 'नसीर'
था तो खो जाता मगर तुम मिल गए तक़दीर[1] से

1 भाग्य

❁

सिलसिला टूटे न साक़ी[1] होश उड़ जाने के बाद
मुझ को मिलता ही रहे पैमाना पैमाने के बाद

1 शराब पिलाने वाला

खो दिया दुनिया में जो कुछ था तुझे पाने के बाद
जान से जाना पड़ा हम को तिरे आने के बाद

तू ही था वो शम्अ जिस की रौशनी थी हर तरफ़
रंग महफ़िल में कहाँ अब तेरे उठ जाने के बाद

अब तो कहते हो कि जा मेरी नज़र से दूर हो
तुम मनाने आओगे मुझ को मिरे जाने के बाद

वहशत-ए-दिल[1] की बदौलत हम चले आए यहाँ
देखिए अब कौन सी मंज़िल है वीराने के बाद

1 दिल की वीरानी

कौन रोता है किसी की ख़स्ता-हाली[1] पर 'नसीर'
ज़ेर-ए-लब[2] हँसती है दुनिया मेरे लुट जाने के बाद

1 दुःख से हालत ख़राब होना 2 मन ही मन

आज इक इक बादा-कश[1] मसरूर मय-ख़ाने[2] में है
ताज़ा ताज़ा इसके उसके सब के पैमाने में है

1 शराब पीने वाला 2 शराब का अड्डा

आज दीवाना बना लेता है सारी ख़ल्क़[1] को
इक अदा-ए-ख़ास[2] ऐसी उस के दीवाने में है

1 दुनिया के लोग 2 ख़ास अदा

देर बोतल के उठाने में लगेगी कुछ न कुछ
मुझ को उतनी ही बहुत है जितनी पैमाने में है

पी रहा हूँ जी रहा हूँ शाद हूँ मसरूर हूँ
ज़िंदगी ही ज़िंदगी लबरेज़ पैमाने में है

ध्यान है आहट पे हसरत दिल में है आँखों में दम
हम चले दुनिया से उन को देर अगर आने में है

जाग उठी क़िस्मत मुक़द्दर[1] जगमगा उठा 'नसीर'
जल्वा-फ़र्मा[2] आज कोई मेरे काशाने में है

1 क़िस्मत 2 उपस्थिति

❀

उन से हर वक़्त मिरी आँख लड़ी रहती है
क्या लड़ाका है कि लड़ने पे अड़ी रहती है

तेरी तस्वीर मिरे दिल में नगीने की तरह
जगमगाती है चमकती है जुड़ी रहती है

लोग सच कहते हैं पामाल-ए-मोहब्बत[1] मुझ को
मेरी चाहत तिरे क़दमों में पड़ी रहती है

1 मोहब्बत में बर्बाद

जो कभी ख़ून-ए-शहीदाँ[1] से हिना-बंद[2] रहे
अब इन्हीं फूल से हाथों में छड़ी रहती है

1 शहीदों का ख़ून 2 रंगीन

यूँ न इतरा कि जवानी भी है आनी-जानी
चाँदनी चाँद की दो-चार घड़ी रहती है

गिर्या-ए-चश्म[1] का उल्फ़त[2] में ये आलम है 'नसीर'
कोई मौसम भी हो सावन की झड़ी रहती है

1 आँखों का रोना 2 मोहब्बत

तुम इक निगाह कभी दिल पे डाल कर देखो
उस आइने की ज़रा देख भाल कर देखो

चलो ये ज़ोम भी अपना निकाल कर देखो
तुम्हारे दर पे हूँ अब मुझे टाल कर देखो

जवाब तुम को मिलेगा सवाल कर देखो
हमारी आँखों में आँखें तो डाल कर देखो

हज़ार ताड़ने वाले हैं इन इशारों के
इधर उधर भी ज़रा देख-भाल कर देखो

नज़र की ठेस लगेगी तो होगा चकना-चूर
दिल आईना है ज़रा तुम सँभाल कर देखो

उम्मीद-ए-वस्ल[1] नहीं कुछ जवाब तो देंगे
'नसीर' आज तुम उन से सवाल कर देखो

1 मिलन की आस

कोई जाए तूर[1] पे किस लिए कहाँ अब वो ख़ुश-नज़री[2] रही
न वो ज़ौक़-ए-दीदा-वरी[3] रहा न वो शान-ए-जल्वा-गरी रही
1 सीरिया का एक पहाड़ 2 सौन्दर्य प्रेम 3 परखने की रुचि

वो ख़िज़ाँ की गर्म-रवी[1] बढ़ी तो चमन का रूप झुलस गया
कोई ग़ुंचा[2] सर न उठा सका कोई शाख़-ए-गुल[3] न हरी रही
1 तेज़ गति 2 कली 3 फूलों की डाली

तिरे आस्ताँ से जुदा[1] हुआ तो सुकून-ए-दिल[2] न मुझे मिला
मिरी ज़िंदगी के नसीब में जो रही तो दर-बदरी रही
1 अलग 2 दिली सुकून

मुझे बंदगी का मज़ा मिला मुझे आगही[1] का सिला मिला
तिरे आस्ताना-ए-नाज़[2] पर जो धरी जबीं[3] तो धरी रही
1 जानकारी 2 मक़बरे की चौखट 3 माथा

ये मह-ओ-नुजूम[1] की रौशनी तिरे हुस्न का परतव बदल नहीं
तिरा हिज्र[2] शब[3] का सुहाग था मिरे ग़म की माँग भरी रही
1 चाँद और सितारे 2 जुदाई 3 रात

तिरे हासिदों[1] को मलाल[2] है ये 'नसीर' फ़न का कमाल है
तिरा क़ौल[3] था जो सनद[4] रहा तिरी बात थी जो खरी रही
1 जलने वाले 2 दु:ख 3 वचन 4 प्रमाण

❁

नज़र में भी नहीं अब घूमता पैमाना बरसों से
क़सम खाने को भी देखा नहीं मय-ख़ाना बरसों से

न पीने को मिली इक घूँट बे-बाकाना[1] बरसों से
नहीं अब कार-फ़रमा[2] जुरअत-ए-रिंदाना[3] बरसों से

1 निडरता के साथ 2 असर डालने वाला 3 मतवालों जैसा साहस

कभी ख़ल्वत[1] कभी जल्वत[2] कभी हँसना कभी रोना
मुरत्तब[3] कर रहे हैं हम भी इक अफ़्साना बरसों से

1 एकांत 2 भीड़ 3 संपादित

मुयस्सर[1] आई क्या हम को गदाई[2] आप के दर की
गुज़रती है हमारी ज़िंदगी शाहाना बरसों से

1 उपलब्ध 2 फ़क़ीरी

वो अपनी ज़ात के सहरा[1] में शायद तेरा जूया है
नज़र आया नहीं अहबाब[2] को दीवाना बरसों से

1 रेगिस्तान 2 दोस्त लोग

'नसीर' अब अपनी आँखें उठ नहीं सकतीं किसी जानिब
मिरे पेश-ए-नज़र[1] है इक तजल्ली-ख़ाना[2] बरसों से

1 सामने 2 रौशनी का घर

टकरा गई थी उन की नज़र से नज़र कहीं
दिल को मिरे न चैन मिला उम्र-भर कहीं

हो जाइए कभी न कभी जल्वा-गर[1] कहीं
सर फोड़ ले न आप का आशुफ़्ता-सर[2] कहीं

1 प्रकट 2 दीवाना

कहना पड़ेगी खुल के मुझे दास्तान-ए-दिल[1]
जब छिड़ गई तो बात हुई मुख़्तसर[2] कहीं

1 दिल का हाल 2 छोटी

मुझ से खिंचे हुए हैं तो ख़ुश हैं वो ग़ैर से
उस ने लगाई हो न इधर की उधर कहीं

आए हैं आप और मिरे घर ज़हे-नसीब[1]
धोका न खा रही हो ये मेरी नज़र कहीं

1 सौभाग्य

सोचें तो कह रहे हैं किसे बे-वफ़ा[1] 'नसीर'
इल्ज़ाम आ न जाए ये अपने ही सर कहीं

1 दग़ाबाज़

❁

सर-ए-मय-ख़ाना[1] कोई पारसा अब तक नहीं आया
हमें पीने पिलाने का मज़ा अब तक नहीं आया
1 मधुशाला में

निगाहें उन की उठीं घूम-फिर कर ग़ैर तक पहुँचीं
मिरी जानिब कोई तीर-ए-क़ज़ा[1] अब तक नहीं आया
1 मृत्यु का तीर

पलट कर आ नहीं सकता अदम[1] की राह से कोई
ये दुनिया छोड़ कर जो भी गया अब तक नहीं आया
1 यमलोक

मिरे ग़म-ख़ाना-ए-हस्ती[1] की शब[2] तारीक[3] है कितनी
कोई जुगनू कोई रौशन दिया अब तक नहीं आया
1 संसार के ग़म का घर 2 रात 3 अंधकार

ये इक तुम हो कि इक मुद्दत से हम को भूले बैठे हो
ये इक हम हैं कि हम को भूलना अब तक नहीं आया

'नसीर' उस ने दम-ए-रुख़्सत[1] न क्या-क्या खाई थीं क़स्में
मगर देखो ज़रा वो बे-वफ़ा अब तक नहीं आया
1 मृत्यु की घड़ी

चादर

इलाही[1] सर पे रहे दस्तगीर[2] की चादर
कि पर्दा-पोश[3] है पीरान-ए-पीर[4] की चादर

1 ईश्वर 2 मददगार 3 दूसरे का दोष छिपाने वाला 4 पीरों के पीर (शैख़ अब्दुल क़ादिर जीलानी)

नज़र में है शह-ए-गर्दूं-सरीर[1] की चादर
ज़हे-नसीब[2] मिली दस्तगीर की चादर

1 बड़ी महत्ता वाला आसमानी बादशाह 2 सौभाग्य

अदब से लोग छुएँ फिर लगाएँ आँखों से
ये है रसूल-ए-ख़ुदा[1] के वज़ीर की चादर

1 हज़रत मोहम्मद

निगाह-ओ-दिल[1] हैं हक़ीक़त के नूर से रौशन
कि है ये मुर्शिद-ए-रौशन-ज़मीर[2] की चादर

1 आँख और दिल 2 दूसरों के हृदय की बात जानने वाले सूफ़ी

हमें नसीब ज़ियारत[1] है ऐ ख़ुशा-क़िस्मत[2]
खड़े हैं सर पे लिए अपने पीर की चादर

1 दर्शन 2 सौभाग्य

ख़ुलूस[1] दिल से वो लाया है नज़्र[2] करने को
क़ुबूल कीजिए अपने 'नसीर' की चादर

1 निष्ठा 2 अर्पण

तिरी चादर मोहम्मद मुस्तफ़ा के दर से आई है
ये चादर हज़रत-ए-सिद्दीक़[1] ने सर पर उठाई है

1 हज़रत अबू बक्र

उमर फ़ारूक़ उस्मान-ए-ग़नी शेर-ए-ख़ुदा[1] सब ने
मोहब्बत से ये चादर अपनी आँखों से लगाई है

1 हज़रत उमर, हज़रत उस्मान और हज़रत अली

जनाब-ए-हज़रत-ए-हसनैन-ओ-ज़हरा[1] ने इसे ओढ़ा
ये वो चादर है जो नामूस-ए-आल-ए-मुस्तफ़ाई[2] है

1 हज़रत इमाम हसन और इमाम हुसैन और हज़रत फ़ातिमा ज़हरा 2 हज़रत मोहम्मद की भावी पीढ़ी की महिमा

ये वो चादर है इस की शान-ओ-शौकत[1] क्या बताऊँ मैं
अयाँ[2] इस से मुईनुद्दीं[3] की शान-ए-दिल-रुबाई[4] है

1 वैभव 2 प्रकट 3 ख़्वाजा मुइनुद्दीन चिश्ती 4 माशूक़ाना अंदाज़ की शान

तू वो सुल्तान-ए-आला[1] शान है ऐ सय्यद-ए-वाला[2]
कि बढ़ कर सल्तनत[3] से आप के दर[4] की गदाई[5] है

1 सर्वश्रेष्ठ बादशाह 2 सर्वश्रेष्ठ सरदार 3 साम्राज्य 4 द्वार 5 भीख माँगने का काम

'नसीर' उस को फ़रिश्ते देख कर हैरत से कहते हैं
कि ये चादर मुबारक दस्त-ए-क़ुदरत[1] ने बनाई है

1 ईश्वरीय शक्ति वाले हाथ

हक़ीक़त-नुमा[1] नूर-ए-पैकर[2] की चादर
है मेहर-ए-अली[3] मेहर-ए-अनवर[4] की चादर
1 सच्चाई दिखाने वाले 2 प्रकाशमय शरीर 3 पीर मेहर अली
4 बहुत चमकदार सूरज

ये चादर है महबूब-ए-दावर[1] की चादर
है नूर-ए-निगाह-ए-पयम्बर[2] की चादर
1 ईश्वर के प्यारे 2 हज़रत मोहम्मद की निगाह के नूर

बनाया है ख़ुद दस्त-ए-क़ुदरत[1] ने इस को
है ग़ौस-ए-जली[2] अब्द-ए-क़ादिर की चादर
1 ईश्वरीय शक्ति वाले हाथ 2 शेख़ अब्दुल क़ादिर जीलानी

ज़माने से शानें निराली हैं इस की
ये चादर है आल-ए-पयम्बर[1] की चादर
1 हज़रत मोहम्मद के वंशज

इसी से हैं वाबस्ता[1] सब की उम्मीदें
छुपाएगी हम सब को हैदर[2] की चादर
1 जुड़ी हुई 2 हज़रत अली

'नसीर' उन से रखता है उम्मीद इतनी
सुनेंगे वो अपने सुख़न-वर[1] की चादर
1 शाइर

उठाओ सर पे कि इक ताजवर की चादर है
नबी के लाल अली के पिसर[1] की चादर है
1 बेटा

करम से जिस ने बहाए हैं चार सू दरिया
ये ऐसे सय्यद-ए-आली-गुहर[1] की चादर है
1 आली ख़ानदान के सरदार

मोहम्मद-ए-अरबी की है पाक आल[1] का उर्स
हसन हुसैन के लख़्त-ए-जिगर[2] की चादर है
1 पवित्र औलाद 2 जिगर का टुकड़ा

निराली शान के दूल्हा हैं बावा फ़ज़्लुद्दीं[1]
कि इन के दोश[2] पे वलियों[2] के सर की चादर है
1 शाह फ़ज़्लुद्दीन 2 कंधे 3 सूफ़ियों

गुनहगार अगर हूँ तो ग़म नहीं इस का
कि मेरे ऐबों[1] पे उन की नज़र की चादर है
1 दोष

'नसीर' उर्स है ग़ौस-ए-जली[1] की आल[2] का आज
नज़र झुकाओ कि ज़हरा[3] के घर की चादर है
1 शैख़ अब्दुल क़ादिर जीलानी 2 वंशज 3 हज़रत फ़ातिमा

जमाल-ए-मेहर[1] से दिल जगमगाने आए हैं
मज़ार-ए-पाक पे चादर चढ़ाने आए हैं

1 सूरज की चमक

नज़र नज़र में लिए जल्वा-ए-शह-ए-जीलाँ[1]
चराग़-ए-हुस्न-ए-अक़ीदत[2] जलाने आए हैं

1 जीलान के सरदार का तेज 2 श्रद्धा के सौंदर्य का चराग़

तुम्हीं से चारा-गरी[1] की उम्मीद है हम को
जिगर के ज़ख़्म तुम्हीं को दिखाने आए हैं

1 इलाज

हुज़ूर-ए-मेहर-ए-अली[1] शाह आ गए हम भी
निसार होने को आँखे बिछाने आए हैं

1 पीर मेहर अली

जो रूठ जाए पिया तो कहाँ सुकूँ दिल को
क़रीब-ओ-दूर से हम सब मनाने आए हैं

'नसीर' तुम भी ज़रा हाल-ए-दिल[1] बयाँ कर लो
सब अपनी अपनी हक़ीक़त सुनाने आए हैं

1 दिल का हाल

घराना है ये उन का ये अली[1] के घर की चादर है
मिरे आक़ा मिरे मुर्शिद[2] मिरे सरवर[3] की चादर है

1 हज़रत अली 2 पीर 3 सरदार

निगाहें चूमती हैं और झूम उठती हैं ये कह कर
ये मुहिउद्दीन बाबू जी[1] शह-ए-ख़ुश-तर[2] की चादर है

1 शाह मुहिउद्दीन क़ादरी 2 सुंदर बादशाह

जिसे देखो अक़ीदत[1] से सजा लेता है वो सर पर
सआदत[2] का निशाँ है और फिर चादर की चादर है

1 श्रद्धा 2 ख़ुश-क़िस्मती

न क्यूँ हो जल्वा-ए-मेहर-ए-अली[1] हर तार से ज़ाहिर
शह-ए-जीलाँ[2] के प्यारे दीन के मेहवर[3] की चादर है

1 पीर मेहर अली का जल्वा 2 जीलान का बादशाह 3 केंद्र

मिरे सर पर है साया उन के पुर-अनवार[1] दामन का
मिरी आँखों में उन के जल्वा-ए-अतहर[2] की चादर है

1 प्रज्वलित 2 पवित्र दर्शन

जिसे देखो वो दीवाना जिसे देखो वो मतवाला[1]
'नसीर' उन की हसीं चादर अजब मंज़र की चादर है

1 नशे में चूर

मुनाजात

अब तंगी-ए-दामाँ[1] पे न जा और भी कुछ माँग
हैं आज वो माइल ब-अता[2] और भी कुछ माँग

1 ख़ाली दमन 2 देने पे राज़ी

हैं वो मुतवज्जिह[1] तो दुआ और भी कुछ माँग
जो कुछ तुझे मिलना था मिला और भी कुछ माँग

1 ध्यान देनेवाला

हर-चंद के मौला ने भरा है तेरा कशकोल[1]
कमज़र्फ़[2] न बन हाथ बढ़ा और भी कुछ माँग

1 भीख माँगने का बर्तन 2 कम हौसला

छू कर अभी आई है सर-ए-ज़ुल्फ़-ए-मोहम्मद[1]
क्या चाहिए ऐ बाद-ए-सबा[2] और भी कुछ मांग

1 हज़रत मोहम्मद के गेसू 2 पूर्वी हवा

या सरवर-ए-दीं, शाह-ए-अरब, रहमत-ए-आलम[1]
देकर तह-ए-दिल[2] से ये सदा और भी कुछ मांग

1 हज़रत मोहम्मद 2 दिल की गहराई

सरकार का दर है दर-ए-शाहाँ[1] तो नहीं है
जो माँग लिया माँग लिया और भी कुछ मांग

1 बादशाहों की चौखट

जिन लोगों को ये शक है करम उनका है महदूद[1]
उन लोगों की बातों पै न जा और भी कुछ मांग

1 घिरा हुआ

इस दर पे ये अंजाम हुआ हुस्न-ए-तलब का
झोली मेरी भर-भर के कहा और भी कुछ मांग

सुलतान-ए-मदीना[1] की ज़ियारत की दुआ कर
जन्नत की तलब चीज़ है क्या और भी कुछ मांग

1 हज़रत मोहम्मद

दे सकते हैं क्या कुछ के वो कुछ दे नहीं सकते
ये बह्स न कर होश में आ और भी कुछ मांग

माना कि इसी दर से ग़नी[1] हो के उठा है
फिर भी दर-ए-सरकार[2] पे जा और भी कुछ मांग

1 मालदार 2 हज़रत मोहम्मद की चौखट

पहुँचा है जो इस दर पे तो रह-रह के 'नसीर' आज
आवाज़ पे आवाज़ लगा और भी कुछ मांग

तज़मीन

अहमद रज़ा ख़ाँ बरेलवी की नात पर
तज़मीन

कोई दुनिया-ए-अता[1] में नहीं हमता[2] तेरा
हो जो हातिम[3] को मुयस्सर[4] ये नज़ारा तेरा
कह उठे देख के बख़्शिश में ये रुत्बा तेरा

1 अता की दुनिया 2 शरीक 3 एक प्रसिद्ध अरब सरदार जो बहुत बड़ा दानी था 4 उपलब्ध

वाह क्या जूद-ओ-करम[1] है शह-ए-बतहा[2] तेरा
नहीं सुनता ही नहीं माँगने वाला तेरा

1 दानशीलता और दया 2 मक्का शहर के बादशाह हज़रत मोहम्मद

कुछ बशर[1] होने के नाते तुझे ख़ुद-सा जानें
और कुछ महज़ पयामी[2] ही ख़ुदा का जानें
उन की औक़ात ही क्या है कि ये इतना जानें

1 इंसान 2 संदेशवाहक

फ़र्श[1] वाले तिरी अज़्मत का उलू[2] क्या जानें
ख़ुस्रवा[3] अर्श[4] पे उड़ता है फरेरा तेरा

1 ज़मीन 2 बुलंदी 3 बादशाह 4 आसमान

कई पुश्तों से ग़ुलामी का ये रिश्ता है बहाल
यहीं तिफ़ली-ओ-जवानी[1] के बिताए मह-ओ-साल[2]
अब बुढ़ापे में ख़ुदा-रा हमें यूँ दर से न टाल

1 बचपन और जवानी 2 महीना और साल

तेरे टुकड़ों पे पले ग़ैर की ठोकर पे न डाल
झिड़कियाँ खाईं कहाँ छोड़ के सदक़ा[1] तेरा

1 दान

नज़्र-ए-उश्शाक़-ए-नबी[1] है ये मिरा हर्फ़-ए-ग़रीब[2]
मिम्बर-ए-वाज़[3] पे लड़ते रहें आपस में ख़तीब[4]
ये अक़ीदा[5] रहे अल्लाह[6] करे मुझ को नसीब

1 नबी के प्रेमियों की भेंट 2 ग़रीब की बातें 3 प्रवचन का मिम्बर 4 प्रवचन देने वाले 5 यक़ीन 6 ईश्वर

मैं तो मालिक ही कहूँगा कि हो मालिक के हबीब1
यानी महबूब-ओ-मुहिब[2] में नहीं मेरा तेरा

1 दोस्त 2 प्रेमी और प्रेम करने वाला

तुझ से हर चंद वो हैं क़द्र-ओ-फ़ज़ाइल[1] में रफ़ी[2]
कर 'नसीर' आज मगर फ़िक्र रज़ा[3] की तौसी[4]
ज़ीनत-ए-नुत्क़[5] तिरे उस का हो ये शेर-ए-वक़ी[6]

1 सम्मान और अच्छाइयां 2 उत्तम 3 मर्ज़ी 4 विस्तृत करना 5 बोलने की शोभा 6 श्रेष्ठ शेर

तेरी सरकार में लाता है रज़ा उस को शफ़ी[1]
जो मिरा ग़ौस है और लाडला बेटा तेरा

1 क़यामत के दिन मोक्ष दिलाने वाला

रुबाई

कुछ ले के उठो अहल-ए-सफ़ा[1] के दर[2] से
ये दर हैं क़रीब मुस्तफ़ा[3] के दर से
ईमान यक़ीं सुकूँ रिसालत[4] तौहीद[5]
सब कुछ मिलता है औलिया[6] के दर से

1 सूफ़ियों 2 द्वार 3 हज़रत मोहम्मद 4 हज़रत मोहम्मद को ईश्वर का दूत मानना 5 ईश्वर को एक मानना 6 सूफ़ियों

❁

मीनार हैं ये अज़्मत-ए-इंसानी[1] के
हामिल[2] हैं तजल्लियात-ए-क़ुरआनी[3] के
बू-बक्र-ओ-उमर हज़रत-ए-उस्मान-ओ-अली[4]
ये चार अनासिर[5] हैं मुसलमानी के

1 मानवीय महिमा 2 कोई विशेष गुण रखने वाला 3 क़ुरआन की महिमा 4 इस्लाम के चार ख़लीफ़ा हज़रत अबू बक्र, उमर, उस्मान और अली 5 कई तत्व

❁

दुश्मन है समाज या अली इल्ला अली
मुश्किल में हूँ आज या अली इल्ला अली
ज़हरा-ओ-मोहम्मद-ओ-अली[1] के सदक़े
रख ले मिरी लाज या अली इल्ला अली

1 हज़रत फ़ातिमा और हज़रत मोहम्मद और हज़रत अली

❁

वो जिस के नाम पे नब्ज़-ए-हयात[1] चलती है
ज़मीं का ज़िक्र[2] ही क्या काइनात[3] चलती है
ये बात ज़ेहन में रखिए कि जब्र[4] के आगे
हुसैन बात चलाए तो बात चलती है

1 जीवन की नाड़ी 2 चर्चा 3 संसार 4 अत्याचार

❁

या-रब[1] मिरे दिल को शाद-कामी[2] दे दे
शोरीदगी-ए-रूमी-ओ-जामी[3] दे-दे
रख आल-ए-नबी[4] के नाम-लेवाओं में
असहाब-ए-रसूल[5] की ग़ुलामी दे-दे

1 ऐ ईश्वर 2 प्रसन्नता 3 सूफ़ी कवि रूमी और जामी का पागलपन
4 हज़रत मोहम्मद के साथी

❁

ये पीर भी क्या हैं क्या ग़ज़ब करते हैं
कुछ काम ख़ुशामद[1] के सबब करते हैं
करते थे मुरीद पहले पीरों का अदब
अब पीर मुरीदों का अदब करते हैं

1 चापलूसी

❁

कम-अस्ल[1] की औक़ात बदलती देखी
दिन ही न फिरे रात बदलती देखी
पैसे की करामत[2] पे यक़ीं आ ही गया
बद-ज़ात[3] की जब ज़ात बदलती देखी

1 ज़लील 2 चमत्कार 3 दुराचारी

❁

मौजूदा निज़ाम[1] उस का ग़म्माज़[2] नहीं
इस में अस्लाफ़[3] का वो अंदाज़ नहीं
नज़्राना[4] वसूली ही तरीक़त[5] है तो फिर
सज्जादा-नशीनी[6] कोई एज़ाज़[7] नहीं

1 व्यवस्था 2 इशारा करने वाला 3 पूर्वज 4 भेंट 5 तसव्वुफ़
6 किसी बुजुर्ग का उत्तराधिकारी होना 7 चमत्कार

❁

सज्जादा-ओ-बैअत-ओ-क़बा[1] का झगड़ा
तक़्सीम-ए-मुरीदीन-ओ-अना[2] का झगड़ा
ज़ोरों पे है आज-कल की दरगाहों में
नज़्राना[3] वसूली-ओ-दुआ[4] का झगड़ा

1 गद्दी और आज्ञा का अनुसरण करना और अचकन पहनना
2 भक्तों का विभाजन और अहंकार 3 भेंट 4 धन और दुआ

❁

तशरीह-ए-शरीअत-ओ-तरीक़त[1] ये है
अक़्ताब-ओ-औलिया[2] की सुन्नत[3] ये है
तालीम-ए-रसूल[4] पर चलाना-चलना
सज्जादा-नशीनी[5] की हक़ीक़त ये है

1 धार्मिक क़ानून और सूफ़ी क़ानून की व्याख्या 2 महात्मा और पीर लोग 3 तरीक़ा 4 हज़रत मोहम्मद की दी हुई शिक्षा 5 किसी बुज़ुर्ग का उत्तराधिकारी

❁

सज्जादा का मफ़्हूम ब-जुज़[1] इस के नहीं
पढ़ते थे मुसल्ले[2] पे नमाज़ें शह-ए-दीं[3]
मालूम हुआ जो लोग पढ़ते हैं नमाज़
दर-अस्ल[4] वो हैं नबी[5] के सज्जादा-नशीं

1 अतिरिक्त 2 नमाज पढ़ने की चटाई 3 दीन का बादशाह (हज़रत इमाम हुसैन) 4 वास्तव में 5 ईश्वर के दूत

❁

रस्म-ए-बैअत[1] को दस्त-गीरी[2] समझे
गद्दी पर बैठना फ़क़ीरी समझे
पीरी की हक़ीक़त को न समझे कुछ पीर
क़ब्रों की मुजाविरी[3] को पीरी समझे

1 पीर के हाथ उसकी शिष्यता ग्रहण करने की रीति 2 सहायता 3 सेवा

❁

गद्दी को वो अर्श-ए-किबरियाई[1] समझे
बैअत[2] लेने को मुस्तफ़ाई[3] समझे
इस दौर के बाज़ ख़ुद-निगर[4] जाहिल पीर
सज्जादा-नशीनी[5] को ख़ुदाई समझे

1 ईश्वर का सिंहासन 2 पीर के हाथ उसकी शिष्यता ग्रहण करना 3 हज़रत मोहम्मद से से सम्बन्ध रखने वाला 4 अपना ख्याल रखने वाले 5 किसी बुजुर्ग का उत्तराधिकारी

❋

सज्जादा-नशीनी[1] से है जिन को इंकार
है उन का ये इंकिसार भी पुर-असरार[2]
नज़राना[3] कहीं उड़ा न ले एक ही शख़्स
हम देखते रह जाएँ बुज़ुर्गों[4] का मज़ार[5]

1 किसी बुजुर्ग का उत्तराधिकारी 2 भेदों वाला 3 भेंट 4 सूफ़ियों 5 समाधि स्थल

❋

मसनद[1] पे ज़रा बैठेंगे इतराएँगे
ये मुफ़्त का माल चार दिन खाएँगे
आती नहीं अबजद-ए-तरीक़त[2] तो न आए
सज्जादा-नशीं[3] फिर भी कहलाएँगे

1 गद्दी 2 तसव्वुफ़ का शुरुआती ज्ञान 3 किसी बुजुर्ग का उत्तराधिकारी

❋

मिलते नहीं अब मुख़लिस-ओ-हस्सास[1] मुरीद
निस्बत का कहाँ करते हैं अब पास मुरीद
पीरों पे जो मतलब के लिए मरते हैं
अब रह गए उस ज़ेहन के ख़न्नास[2] मुरीद

1 निश्छल और संवेदनशील 2 ग़लत धारणा

❀

ख़म है सर-ए-इंसाँ[1] तो हरम[2] में कुछ है
लोग अश्क[3] बहाते हैं तो ग़म में कुछ है
बे-वज्ह किसी पर नहीं मरता कोई
हम पर कोई मरता है तो हम में कुछ है

1 आदमी का सर 2 काबा परिसर 3 आँसू

❀

फ़ानी[1] है ये अर्बाब-ए-तरब[2] की कुर्सी
दाइम[3] क़ाइम[4] है सिर्फ़ रब की कुर्सी
जस्टिस हो गवर्नर कि वज़ीर-ए-आज़म[5]
दीमक की लपेट में है सब की कुर्सी

1 मिटने वाला 2 नर्तकियों 3 हमेशा 4 बाक़ी 5 प्रधानमंत्री

❀

क़िता

इलाही[1] दौलत-ए-सोज़-ए-जिगर[2] दे
नवा-ए-बुलबुल-ए-आशुफ़्ता-सर[3] दे

1 ईश्वर 2 दिल की पीड़ा की दौलत 3 दीवाना बुलबुल की आवाज़

तिरी नैरंगियों[1] को जज़्ब[2] कर लें
मिरी आँखों को वो ज़ौक़-ए-नज़र[3] दे

1 जादूगरी 2 आत्मसात् 3 देखने और परखने की अभिलाषा

❀

मिरे मुर्ग़-तख़य्युल[1] को वो पर दे
कि उठ जाएँ रुख़-ए-मंज़िल[2] से पर्दे

1 कल्पना या सोच का परिन्दा 2 मंज़िल का चेहरा

फ़ुग़ाँ[1] क्या नाला[2] क्या आह-ओ-बुका[3] क्या
तिरी हर शय[4] मुझे मंज़ूर पर दे

1 फ़रियाद 2 रोना 3 विलाप करना 4 चीज़

❀

अश'आर

उस की यादों से 'नसीर' आज भी दिल है आबाद
भूल कर भी न किया जिसने कभी याद मुझे

❋

दिल 'नसीर' उनका था, ले गए वो
हम ख़ुदा की क़सम रह गए हैं

❋

वो हमारे हम उन के हो जाएँ
बात इतनी है और कुछ भी नहीं

❋

मस्नद-ए-पीरी पे यूँ जम के न बैठो तुम 'नसीर'
कल को उठ जाओगे ये सारा तमाशा छोड़ कर

❋

आया है 'नसीर' आज तमन्ना यही ले कर
पलकों से किए जाए सफ़ाई तेरे दर की

❋

चराग़ होगा सहन-ए-गुलशन में
बहारें होंगी लेकिन हम न होंगे

❋